Ahmet Toprak

Auch Alis werden Professor

Vom Gastarbeiterkind zum Hochschullehrer

LAMBERTUS

LAMBERTUS+ App inside

Laden Sie dieses Buch kostenlos auf Ihr Smartphone, Tablet und/oder Ihren PC und profitieren Sie von zahlreichen Vorteilen:

- **kostenlos:** Der Online-Zugriff ist bereits im Preis dieses Buchs enthalten
- **verlinkt:** Die Inhaltsverzeichnisse sind direkt verlinkt, und Sie können selbst Lesezeichen hinzufügen
- **durchsuchbar:** Recherchemöglichkeiten wie in einer Datenbank
- **annotierbar:** Fügen Sie an beliebigen Textstellen eigene Annotationen hinzu
- **sozial:** Teilen Sie markierte Texte oder Annotationen bequem per E-Mail oder Facebook

Aktivierungscode: atap-2023

Passwort: 1750-0366

Download App Store/Google play:

- **App Store/Google play** öffnen
- Im Feld **Suchen Lambertus+** eingeben
- **Laden** und **starten** Sie die **Lambertus+ App**
- Oben links den Aktivierungsbereich anklicken um das E-Book freizuschalten
- Bei **Produkte aktivieren** den **Aktivierungscode** und das **Passwort** eingeben und mit **Aktivieren** bestätigen
- Mit dem Button **Bibliothek** oben links gelangen Sie zu den Büchern

PC-Version:

- Gehen Sie auf **www.lambertus.de/appinside**
- **Aktivierungscodes** oben anklicken, um das E-Book freizuschalten
- **Aktivierungscode** und **Passwort** eingeben und mit **Aktivieren** bestätigen
- Wenn Sie Zusatzfunktionen wie persönliche Notizen und Lesezeichen nutzen möchten, können Sie sich oben rechts mit einer persönlichen E-Mail-Adresse dafür registrieren
- Mit dem Button **Bibliothek** oben links gelangen Sie zu den Büchern

Jetzt unter www.lambertus.de/appinside | Laden im App Store | JETZT BEI Google play

Bei Fragen wenden Sie sich gerne an uns:
Lambertus-Verlag GmbH – Tel. 0761/36825-24 oder
E-Mail an info@lambertus.de

LAMBERTUS
SOZIAL | RECHT | CARITAS

Ahmet Toprak

Auch Alis werden Professor – Vom Gastarbeiterkind zum Hochschullehrer

LAMBERTUS

Bibliografische Information der Deutschen Nationalbibliothek
Die Deutsche Nationalbibliothek verzeichnet diese Publikation in der Deutschen Nationalbibliografie; detaillierte bibliografische Daten sind im Internet über dnb.d-nb.de abrufbar.

2., aktualisierte und erweiterte Auflage 2023
www.lambertus.de
Umschlaggestaltung: Nathalie Kupfermann, Bollschweil
Druck: Elanders GmbH, Waiblingen
ISBN: 978-3-7841-3595-3
ISBN ebook: 978-3-7841-3596-0

Für Sibel

Inhalt

Geleitwort

Vor Ihnen liegt die Geschichte eines sozialen Aufstiegs in Deutschland.

Sie ist anders gelagert als das US-amerikanische Narrativ „Vom Tellerwäscher zum Millionär", das in einer Einwanderungsgesellschaft angesiedelt ist, in der jedem Menschen unabhängig von seiner Herkunft je nach Einsatz und Begabung alle Wege offenstehen (sollen).

Die Geschichte, die Ahmet Toprak erzählt, spiegelt hingegen eine Gesellschaft, die sich auf dem langen Weg hin zu einer selbstbewussten Einwanderungsgesellschaft befindet – die deutsche Gesellschaft der letzten gut fünf Jahrzehnte.

Schnörkellos, nüchtern, mit vielen kurz gesetzten Pointen beschreibt Ahmet Toprak seinen Weg vom Hauptschüler in Köln zum Professor an der Fachhochschule in Dortmund. Dieser Weg verläuft alles andere als geradlinig. Der Sohn eines 1969 nach Nordrhein-Westfalen eingereisten türkischen Gastarbeiters muss viele Umwege auf sich nehmen, um ans Ziel zu gelangen. Als Grundschüler in der Türkei erlebt er fern von den Eltern die Unterschiede zwischen dörflichem und städtischem Schulalltag. Nach seiner Wiedervereinigung mit den Eltern besucht der Zehnjährige in Köln eine Hauptschule, macht das Abitur in Ankara, studiert danach zunächst in der Hauptstadt der Türkei, danach in der damaligen Bundeshauptstadt Bonn und in Regensburg. Der Bildungspendler erlebt die Kulturunterschiede zwischen Stadt- und Landleben in der Türkei, zwischen türkischem und deutschem Großstadtleben und schließlich zwischen dem Leben im Rheinland und in Bayern.

Durch die Geschichte seines Bildungsaufstiegs zieht sich Topraks Erfahrung, von anderen unterschätzt und auch selbst vom eigenen Erfolg überrascht zu werden. Dass die Zuschreibung aufs Mittelmaß durch Andere nicht zur Aufgabe führt, und dass das Zutrauen ins eigene Können mit den Erfolgen kontinuierlich wächst, hat immer auch mit dem Rückhalt der in Deutschland und der Türkei verstreuten Familie und mit der Unterstützung einzelner Lehrer, Behördenmitarbeiterinnen und Freunde zu tun.

Wie in vielen Geschichten von Menschen mit Einwanderungsgeschichte, finden sich im Text Schilderungen interkultureller Missverständnisse, Erinnerungen an Diskriminierungerfahrungen und die dankbare Rückbesinnung an unverhoffte Unterstützung.

Ahmet Topraks Aufstieg ist nicht nur seine Erfolgsgeschichte. Er ist auch die Erfolgsgeschichte seiner Eltern, die trotz schwierigster Ausgangsbedingungen allen sechs Kindern eine gute Bildung ermöglicht und damit den Weg in ein gutes, erfolgreiches, glückliches Leben geebnet haben.

Insofern erzählt Ahmet Toprak nur vordergründig eine private Geschichte. Tatsächlich ist die Geschichte auch ein Zeugnis des Danks und des Respekts gegenüber der sogenannten erster Generation der Gastarbeiter, aus welchen Ländern sie auch immer nach Deutschland gekommen sind. Diese Generation hat den Aufstieg ihrer Kinder und Kindeskinder vorbereitet, und sie hat am wirtschaftlichen und kulturellen Aufstieg Deutschlands mitgewirkt.

Ahmet Topraks Text ist in diesem Sinne nicht spektakulär. Er ist gleichwohl sehr besonders.

Deshalb wünsche ich ihm viele Leserinnen und Leser.

Serap Güler
Staatssekretärin für Integration
Ministerium für Kinder, Familie, Flüchtlinge und Integration
des Landes Nordrhein-Westfalen

Vorwort zur 2. Auflage

Die erste Auflage dieses Buchs wurde Ende 2017 veröffentlicht. Meine Motivation lag darin/war begründet, zu ergründen, welche Aspekte zum Bildungsaufstieg beitragen und welche Stolpersteine auf dem Weg dahin lauern. Aus sozial und finanziell benachteiligter Familie zu stammen und zum Hochschullehrer aufzusteigen, ist sicherlich eine „extreme" Form des Aufstiegs. Wenn dazu auch das Stigma „Ausländer" oder „Migrant" hinzukommt, ist der Aufstieg ungleich schwerer. Neben der Kategorie „Migrant", die aufgrund des Namens und Aussehens nicht verheimlicht werden kann, kommt die Kategorie Klasse (Herkunft) hinzu, die zunächst nicht sichtbar ist. Das heißt, auch wenn der Aufstieg formal erfolgt ist, ist die Akzeptanz in der Arbeitswelt oder Gesellschaft nicht immer gewähreistet. Deine Herkunft verrät dich, weil du nicht über die selben Witze lachst, nicht die gleichen Geschmäcker hast etc.

Aber ich habe die Erfahrung gemacht, dass das nicht von Bedeutung ist. Bildungs- und Sozialaufstieg muss nicht zwangsläufig mit Identitätsverlust einhergehen, wie in einigen Sozialwissenschaftlichen Studien behauptet wird. Authentisch sein, zu sich und seiner Herkunft stehen, ist viel zentraler, als sich zu verstellen und anzupassen. Deshalb sollte dieses Buch allen Menschen mit und ohne Migrationshintergrund Mut machen, an sich zu glauben und den eingeschlagenen Weg zu gehen, ohne sich dabei zu verstellen.

Extremer Bildungsaufstieg hat sehr viele Vorteile: man wird geachtet, respektiert und bewundert. Aber der Aufstieg schützt weder vor Diskriminierung noch vor Rassismus. Ich wurde öfter auf meine Herkunft reduziert, ohne die dahinterstehende Leistung zu sehen oder meine Leistungen wurden kleingeredet, weil es von einem mit Migrationshintergrund nicht anderes zu erwarten ist. Die Rassismuserfahrungen, die ich vor allem im Hochschulbetrieb gemacht habe, werde ich nicht alle schildern, weil ich noch etliche Berufsjahre vor mir habe und mit diesen Menschen arbeiten werde. Und das schlimmste ist, dass viele von sich behaupten, nicht rassistisch zu sein.

Das Ihnen vorliegende Buch in zweiter Auflage habe ich nicht nur komplett überarbeitet, sondern um einige Unterkapitel ergänzt und um das Kapitel acht „Integration vs. Rassismus: zwei zusammenhängende Dauerthemen“ erweitert.

Vorwort zur 1. Auflage: Warum dieses Buch?

Am 10. März 2016 starb meine Mutter im Alter von 77 Jahren in einem Kölner Krankenhaus an Herzversagen. Sie lebte seit 46 Jahren in Deutschland, weit mehr als die Hälfte ihres Lebens verbrachte sie in Köln. Ihr letzter Wunsch war, in ihrem Geburtsdorf in der Türkei begraben zu werden.

Diesem Wunsch kommen wir nach. Laut der islamischen Tradition muss eine verstorbene Person innerhalb von 24 Stunden begraben werden. Bereits am 11. März sitzen alle in einem Flieger über Istanbul nach Kayseri. Wir haben nicht einmal Zeit für Trauer. Die Überstellung des Leichnams wird von einer Firma übernommen. Mittlerweile gibt es in Deutschland etliche Firmen, die darauf spezialisiert sind. Am 12. März beerdigen wir meine Mutter in ihrem Geburtsdorf - gleich gegenüber vom Grab ihres Vaters.

Während ich in der Türkei bin, ruft mein in München lebender deutschstämmiger Schwiegervater, ein Internist im Ruhestand, bei uns zu Hause an. Er möchte mich sprechen. Weil wir ein kleines schulpflichtiges Kind haben, ist meine Frau nicht mit in die Türkei gereist. Als sie ihrem Vater mitteilt, dass ich in der Türkei bin, möchte er wissen, warum. Meine Frau erklärt ihm, dass es der letzte Wunsch meiner Mutter war, in der Türkei begraben zu werden. Er ist überrascht, denn fast alle Kinder und Verwandten meiner Eltern leben in Deutschland. Warum dann in der Türkei begraben werden? Mein Schwiegervater behauptet daraufhin, meine Mutter sei in Deutschland nicht integriert gewesen, anders kann er sich diesen Wunsch nicht erklären. Vater und Tochter streiten sich am Telefon darüber, was Integration bedeutet. Sie werden sich nicht einig, sind unterschiedlicher Auffassung darüber, was dieser Begriff beinhalten soll. Was wäre, wenn meine Mutter den Wunsch geäußert hätte, in Köln begraben zu werden? Wäre das ein positives Zeichen für eine gelungene Integration? Und war es überhaupt erwünscht, dass die Gastarbeiter der 1960er- und 1970er-Jahre sich integrieren?

Gerade weil ich seit Jahren zum Thema Integration forsche, bin ich der Meinung, dass Integration ein relativer Begriff ist. Jeder meint zu wissen, was er bedeutet. Vielleicht war meine Mutter nicht im klassischen Sinne in die deutsche Gesellschaft integriert. Sie hatte nur rudimentäre Deutschkenntnisse und kaum Kontakt zu einheimischen Deutschen. Und sie hat weder einen Deutsch- noch einen Integrationskurs besucht. Sie konnte nicht einmal lesen und schreiben. Aber ihre Lebensleistung ist dennoch beeindruckend. Sie hat 33 Jahre lang bei einer deutschen Firma gearbeitet, ohne dass ihre Kollegen erfahren haben, dass sie Analphabetin ist. Sie hat sich die dafür nötigen Deutschkenntnisse selbst beigebracht. Sechs- bis siebenstellige Zahlen bereiteten ihr keine Probleme, Kopfrechnen war ihre große Stärke. Und parallel dazu hat sie sechs Kinder großgezogen, von denen vier akademische Berufe ergriffen haben. Sie hat Deutschland und die deutsche Ordnung geliebt. Sie war dankbar, dass Deutschland ihr und ihrer Familie die Gelegenheit gab, wirtschaftlich und sozial abgesichert zu sein. Sie mochte die Türkei ebenso. Sie wurde dort geboren und hat ihre Kindheit und Jugend dort verbracht. Kurz: Sie mochte schlicht und einfach beide Länder und fühlte sich gewissermaßen beiden zugehörig. Wenn sie längere Phasen in der Türkei verbrachte, verspürte sie Sehnsucht nach Deutschland. Und wenn sie länger in Deutschland war, hat sie die Türkei vermisst. Ob sie in Deutschland integriert war oder nicht, sei dahingestellt.

Anhand meiner Biografie soll deutlich werden, dass Integration von vielen Faktoren abhängt. Und ob der Bildungsaufstieg gelingt, lässt sich nicht immer steuern. Formal steht der Zugang zu Bildungseinrichtungen allen gesellschaftlichen Milieus offen. Aber die Etikettierung „Ausländer“ oder „Jugendlicher mit Migrationshintergrund“ ist nicht immer förderlich. Das deutsche Bildungssystem ist hochkomplex. Für die erste Generation der Gastarbeiter war es aussichtslos, dieses System verstehen zu wollen, zumal sie ihre Schullaufbahn nicht hier durchlaufen haben. Der eigene Wille, positive Vorbilder und ein wenig Glück können darüber entscheiden, ob eine Bildungsbiografie positiv verläuft oder eben nicht. Sicherlich: Zwischen „Professor" und „kriminell" ist vieles möglich. Aber wenn ich an manchen Punkten nicht die richtigen Entscheidungen getroffen hätte, wäre ich vielleicht kriminell geworden. Meine Eltern haben meine Entscheidungen nicht immer verstanden. Aber sie haben sie auch nicht blockiert. Sie haben mir vertraut, dass ich das Richtige tue. Das ist sehr viel wert.

Im vorliegenden Buch soll der Leser sich selbst ein Bild machen, was Integration ist und von welchen Faktoren der Bildungsaufstieg abhängt. Um die Intimsphäre der Personen zu schützen, werden bis auf den Doktorvater alle Namen neutralisiert. Die Namen meiner Geschwister erwähne ich erst gar nicht - auch nicht fiktiv.

1

Die Anfänge der Migration – oder: Radfahren auf der A3

Meine Eltern gehören zu den sogenannten Gastarbeitern der 1960er- und 1970er-Jahre. Mein Vater meldet sich 1967 in Ankara in einem Anwerbebüro und wird medizinisch gründlich untersucht. Es ist damals üblich, dass die Arbeitswilligen von deutschen Ärzten und Krankenschwestern in Ankara, Istanbul, Izmir, Lissabon, Rom, Madrid oder Athen etc. auf Herz und Nieren gecheckt werden. Angeworben wird damals nicht nur aus der Türkei, sondern auch aus anderen südeuropäischen Ländern. Fortgeschrittenes Alter oder gesundheitliche Auffälligkeiten sind Gründe, warum viele Männer und einige wenige Frauen abgelehnt werden. Deutschland braucht schließlich gesunde arbeitsfähige Männer und Frauen und es wird nichts dem Zufall überlassen.

Als mein Vater sich entscheidet, nach Deutschland zu gehen, hat er bereits vier Kinder. Außerdem muss er zwei Söhne seines verunglückten Bruders versorgen. Mein kleiner Bruder und ich kommen erst später zur Welt. Das Leben in einem zentralanatolischen Dorf in der Türkei ist hart. Die Familie lebt von Viehzucht und etwas Landwirtschaft. Große Sprünge sind nicht möglich. Im Winter ist das Dorf mit 150 bis 200 Einwohnern für mehrere Monate von der Außenwelt abgeschnitten. In den Häusern gibt es weder fließendes Wasser noch Strom. Die Frauen müssen das Wasser vom Dorfbrunnen holen, Gaslampen sorgen für ein wenig Licht in den langen Winternächten. Das kurdisch-alevitische Dorf im Landkreis Kayseri hat weder eine Moschee noch ein Männercafé oder einen Tante-Emma-Laden. Auf eine Moschee wird aus Prinzip und aufgrund der religiösen Einstellung verzichtet. Ein Männercafé oder ein Tante-Emma-Laden würden sich nicht rentieren. Zum Kartenspielen und Einkaufen müssen die Bewohnerinnen und Bewohner in die fünf Kilometer entfernte Kreisstadt laufen. Autos oder Busverbindung gibt es damals nicht. Viele im Dorf sind miteinander verwandt oder verschwägert. Alle kennen sich, alle helfen sich. Aber auch die soziale Kontrolle ist enorm. Man kann sich im Dorf nicht frei bewegen oder unbeobachtet jemanden treffen, alles wird sofort registriert und ggf. sanktioniert.

Um dieser prekären Situation zu entkommen, entscheidet sich mein Vater schließlich, nach Deutschland zu gehen. Meiner Mutter zufolge war das ursprünglich nicht seine Idee, sondern ist auf ihre Initiative zurückzuführen. Er habe eigentlich seine Neffen in den Anwerbebüros anmelden wollen. Auf ihren Druck hin verkauft mein Vater einen Teil der Schafe und Kühe und macht sich auf den Weg nach Ankara. Er meldet sich als Gastarbeiter, wird aber nicht berücksichtigt. Erst nach zwei Jahren Wartezeit, im Jahre 1969, darf er nach Stadthagen reisen und bekommt dort eine Anstellung im Straßenbau zugewiesen.

Von Deutschland ist er begeistert: Die Menschen sind freundlich und gemessen daran, was er in seinem Dorf hat, verdient er sehr viel Geld. In Stadthagen bleibt er nicht lange; ungefähr nach einem Jahr, Anfang 1970, geht er nach Köln. Dort wohnt er in einem Männerwohnheim und findet Arbeit bei den Ford-Werken. Er trifft viele Verwandte aus seinem Heimatdorf, auch einer seiner Neffen arbeitet hier, der andere wird einige Jahre später folgen. Diese Neffen behandelt er wie seine eigenen Kinder, er fühlt sich für die beiden in jeder Hinsicht verantwortlich.

Wie die Integration in den Arbeitsmarkt funktioniert

Eigentlich sollen die damaligen Gastarbeiter nur wenige Jahre bleiben und nach dem Rotationsprinzip ausgetauscht werden.

Dieses Verfahren ist aber für die Firmen unrentabel: Kaum haben sie die Arbeitskräfte eingearbeitet, müssen diese schon wieder zurück. Viele von ihnen sind Industriearbeit nicht gewöhnt. Im Herkunftsland waren sie in der Landwirtschaft tätig, in kleinen Familienbetrieben angestellt oder arbeitslos. Unter ihnen sind viele Analphabeten und Autodidakten, auch deshalb ist die Einarbeitung mühsam und langwierig. Viele Firmen weigern sich, die eingearbeiteten Kräfte zurückzuschicken. Im Gegenteil, die Wirtschaft setzt auf die soziale Komponente: Zur Optimierung der Effektivität, der sozialen Kontrolle und der Abhängigkeit werben die Firmen gezielt Menschen aus der Verwandtschaft oder aus der gleichen Region an. Beide Seiten profitieren. Einerseits können sich die Gastarbeiterinnen und Gastarbeiter gegenseitig unterstützen und helfen. Die Firmen wissen aber auch, dass das Kollektiv eine Kontrollfunktion ausübt und diejenigen ächtet, die die geforderte Leistung nicht erbringen.

Genau nach diesem Prinzip sucht Ford-Werke Ende der 1960er- und Anfang der 1970er-Jahre das Personal aus. In ganzen Abteilungen und Werkhallen wird nur Türkisch gesprochen. Keiner verlangt von den Gastarbeitern, dass sie Deutsch lernen sollen. Keiner wirft ihnen vor, sie wären Integrationsverweigerer, weil sie die Sprache nicht können. Daher spricht mein Vater auch bis heute nicht Deutsch, abgesehen von rudimentären Kenntnissen für den Alltag. Die Ford-Werke gehen bei der Integration der überwiegend türkischen Gastarbeiter „innovative" Wege. Die Vorarbeiter - als Ansprechpartner für die Belegschaft - müssen Türkisch können. Die logische Konsequenz wäre, dass sie aus der Community kommen. Das ist aber nicht immer möglich, weil nur wenige die nötige Qualifikation dafür mitbringen. Außerdem müssen die Vorarbeiter nicht nur mit den Bandarbeitern (hier die Gastarbeiter) kommunizieren, sondern auch mit dem Management (Einheimische). Sie müssen also beide Sprachen beherrschen - Deutsch und Türkisch. Um dieses Problem zu lösen, werden zunächst Dolmetscher eingesetzt. Dies stellt sich aber als umständlich und unwirtschaftlich heraus. Denn es müssen Dolmetscher eingestellt werden, die immer und unkompliziert verfügbar sein müssen, was in schnellen Abläufen nicht immer umsetzbar ist. Ein Ausweg wird in der Folge erprobt: Die Vorarbeiter, die unmittelbar mit den Bandarbeitern zu tun haben, lernen so weit Türkisch, dass die Abläufe nicht mehr durch Sprachbarrieren gestört werden. So funktioniert Wirtschaft: Den wenigen Vorarbeitern Türkisch beizubringen ist effektiver und wirtschaftlicher als vielen Gastarbeitern Deutsch beizubringen.

Integration ins soziale Leben

Wie wichtig es ist, grundlegende Deutschkenntnisse zu haben, und zu wissen, wie einfache Dinge in Deutschland laufen, sollen drei kleine reale Erlebnisse meines Vaters verdeutlichen.

„Wir sind doch nicht schwul!"

Bis zum Anwerbestopp von 1973 sind die meisten Gastarbeiter aus der Türkei männlich und verheiratet. Die Ehefrauen und Kinder bleiben in dieser Phase in den Türkei. Die Männer sind in sogenannten Männerwohnheimen untergebracht. Etagenbetten, wie in den Jugendherbergen üblich, dienen als Schlafgelegenheit dienen als Schlafgelegenheit. Diese sind trotzdem vergleichsweise teuer und bieten wenig Freizeitangebote und Intimsphäre. Tatsächlich haben die meisten auch kaum Freizeit, weil sie im Schnitt zehn Stunden täglich arbeiten. Die Männer spielen bisweilen Fußball, Backgammon oder Karten. Nur selten wagen sie sich nach draußen, um einzukaufen oder ein Café zu besuchen.

Eines Tages überreden drei Bekannte meinen Vater, mitzukommen. Sie besuchen das Eiscafé in der Nähe des Wohnheims und nehmen dort auf einer ovalen Bank nebeneinander Platz. Nach wenigen Minuten kommt die Kellnerin und sagt zu ihnen

„Bitte schön“. Die vier schauen sich irritiert an und rücken dann zusammen, sagen aber nichts. Die Kellnerin wartet ein wenig und geht dann wieder. Nach ein paar Minuten kommt sie zurück und sagt zu den eng zusammengerückten Männern wieder „Bitte schön“. Die Irritation der Männer wächst. Sie beschweren sich zwar (auf Türkisch), rücken aber trotzdem noch enger zusammen. Die Kellnerin versteht gar nicht, warum die Männer das tun, obschon auf der Bank jede Menge Platz ist. Sie schüttelt den Kopf und geht. Daraufhin verteilen sich die Männer wieder locker auf der Bank. In diesem Moment kommt die Kellnerin zurück und wiederholt ihr „Bitte schön“. Dieses Mal weigern sich die Männer zusammenzurücken. Einer steht auf und spricht in einem Mix aus Türkisch und Deutsch: „Was bitisin, bitisin, wir nix schwul.“ Weil die Männer kaum Deutsch können, denken sie, dass die Frau zu ihnen auf Türkisch „bitisin“ – also: rückt zusammen – sagt. Der deutsche Vorarbeiter in den Ford-Werken spricht schließlich auch Türkisch. Da sie aufgrund der vermeintlichen Aufforderung der Kellnerin einander auf die Pelle rücken, möchten sie nicht den Eindruck erwecken, dass sie schwul sind. Dieses Missverständnis löst ein türkischer Gast auf, der der deutschen Sprache mächtig ist. Die Lust aufs Eisessen ist den Männern inzwischen vergangen. Sie gehen ins Wohnheim zurück und spielen bei einem türkischen Tee lieber Karten. Auch hier gibt es Stress: aber nicht aufgrund sprachlicher Probleme, sondern weil einer der Spieler schummelt.

Mit dem Fahrrad ins Gebüsch

Die männlichen Gastarbeiter sind anfangs bei der Mehrheitsgesellschaft – vor allem beim weiblichen Teil der Bevölkerung – sehr beliebt. Wenn es hier und da diskriminierende Bemerkungen oder Sprüche gibt, werden sie entweder nicht verstanden oder aber weggelächelt. Oft werden sie auch gar nicht als diskriminierend wahrgenommen. Die Bemerkung „Sie sprechen aber gut Deutsch“ oder „Wollen Sie wieder in die

Heimat zurück?" ist heute diskriminierend, vor 40 Jahren dagegen ist es ein großes Kompliment bzw. zeigt Interesse.

Die Nachbarinnen meines Vaters und seiner Kollegen sind sehr aufmerksam und helfen, wo sie können. Auch kleinere Geschenke werden hier und da vorbeigebracht. Eine von ihnen hat sich etwas Besonderes ausgedacht: Sie will meinem Vater ein Fahrrad schenken, damit er schnell und praktisch von A nach B kommt. Sie gibt sich Mühe, das Fahrrad herzurichten, Fahrradkorb und Blümchen am Lenkrad sind nur einige Details. Aber an eine Sache denkt die aufmerksame und sympathische Frau nicht. Kann mein Vater – oder überhaupt einer der Männer – Fahrrad fahren? Außerdem ist das Fahrradfahren in der damaligen Türkei kein Fortbewegungsmittel, sondern ein Spielzeug für Kinder. Die Präsentation des Fahrrads auf dem Hof des Wohnheims ist ein Riesenevent. Aber nicht für meinen Vater. Er bedankt sich höflich bei der Frau, lächelt verlegen. Doch Renate – so heißt sie nämlich – möchte sehen, wie sich das Fahrrad fährt. Vor allem wenn mein Vater drauf sitzt. Er versucht, dies zu vermeiden, indem er fünfmal hintereinander „dankschön" sagt. Renate bleibt aber immer noch stehen und lächelt dabei freundlich. Sie will schließlich sehen, wie mein Vater das Fahrrad fährt und sich freut. Als auch die Männer ihn aufmuntern, bleibt ihm keine andere Wahl. Ein anatolischer Mann zeigt doch vor Publikum keine Schwäche. Er schnappt sich das Fahrrad, steigt auf und landet nach zehn Metern im Gebüsch. Er holt sich einige Kratzer im Gesicht und verstaucht sich leicht den Arm. Zum ersten und letzten Mal fährt er ein Fahrrad. Aber um eine Entschuldigung ist er nicht verlegen, auch unter Schmerzen. Er sagt, dass er etwas aus der Übung sei, weil er so lange nicht Fahrrad gefahren ist. Renate glaubt ihm und die anderen Männer brechen vor Lachen fast zusammen.

Die Arbeit bei Ford ist nicht nur eintönig, sondern auch stressig. Das Band läuft viel zu schnell und die Männer kommen kaum hinterher. Kleinere Gespräche oder Späße sind eher die Ausnahme, auch die Pausen zum Essen und Rauchen sind viel zu kurz. Es gibt nur wenige Männer, die nicht rauchen. In einer der Raucherpausen fragt ein Arbeitskollege - sagen wir, er heißt Murat - meinen Vater, wo Stuttgart ist und wie er dorthin kommt. Er möchte am Wochenende einen Verwandten besuchen, der bei Mercedes arbeitet. Mein Vater sagt: „Ist doch ganz einfach. Du setzt dich aufs Fahrrad und fährst einfach die A 3 runter." Vermutlich ist das die „Rache" bzw. Revanche für die Aktion auf dem Hof des Wohnheims. Danach geht er zurück zu seinem Arbeitsplatz, weil eine Sirene die Pause beendet. Es ist Freitag und die Männer haben keine Gelegenheit mehr, miteinander zu reden.

Während mein Vater am Samstagvormittag lange ausschläft und gemütlich frühstückt, gibt es auf der A 3 in Richtung Frankfurt große Aufregung. Die Autofahrerinnen und Autofahrer beobachten hier einen schwarzhaarigen, bärtigen Mann, der mit einem klapprigen Fahrrad auf der Standspur fährt - noch dazu sehr wacklig, weil er kein guter Radfahrer ist. Alle vermuten, dass er alkoholisiert ist. Sofort werden Polizei und Feuerwehr alarmiert und die Autobahn wird gesperrt. Der Polizist fragt Murat, was er denn auf der Autobahn zu suchen habe. Murat ist überrascht und sichtlich irritiert. Mit der Hand wedelt er Richtung Süden und sagt „Stungar, Stungar". Der Beamte versteht ihn nicht und fragt noch mal nach. Murat: „Ich fahren Stungar, Stungar, Neffe besuchen, weißt du?" Der Polizist kann es gar nicht fassen: Der Mann möchte mit dem Fahrrad nach Stuttgart fahren? Sie nehmen ihn mit aufs Revier und machen einen Drogen- und Alkoholtest. Murat hat aber nichts genommen. Die Polizisten klären ihn auf und bringen ihn zurück nach Köln.

Montagnachmittag hat mein Vater Spätschicht und geht eine Stunde vor Schichtbeginn in die Arbeit, um sich mit Kollegen auszutauschen. Meistens reden sie über ihre Familien, die Kinder oder ihre Heimat. Unterdessen stößt auch Murat zu der Gruppe. Er möchte zwar etwas erzählen, redet aber ein bisschen drum herum. Irgendetwas scheint ihm peinlich zu sein. Mein Vater merkt das und fragt: „Murat, was hast du, willst du was sagen?" Schließlich rückt Murat damit heraus: „Du hast mir doch gesagt, ich kann mit dem Fahrrad nach Stuttgart fahren." Mein Vater ist entsetzt: „Das war doch ein Scherz! Du bist doch nicht etwa mit dem Fahrrad gefahren, oder? Das sind vielleicht vier- bis fünfhundert Kilometer." Murat entgegnet enttäuscht: „Ja, die Polizei hat es nicht erlaubt. Die haben mit mir irgendwelche Tests gemacht. Vielleicht nehme ich nächste Woche den Zug. Das geht bestimmt schneller."

Schnell wieder in die Heimat?

Die meisten Gastarbeiter wollen gar nicht lange in Deutschland bleiben. Drei, vier Jahre arbeiten, etwas Geld verdienen, Schulden abbezahlen, ein Häuschen kaufen und wieder zurückkehren – das ist der Plan vieler. Zwei Dinge verhindern jedoch immer wieder die Umsetzung: Die Gastarbeiter verdienen doch nicht so viel Geld, dass sie sorglos in die Zukunft blicken könnten. Und ihre Ansprüche steigen, sie wollen mehr, als nur ihre Schulden abbezahlen. Um diese neue Perspektive schneller umzusetzen, möchte mein Vater, dass meine Mutter nachkommt. Seiner vordergründigen Argumentation zufolge käme man mit zwei Gehältern schneller ans Ziel. Auch wenn er das niemals zugeben würde: Eigentlich hat er wohl Sehnsucht nach seiner Frau.

Im Jahre 1970 gibt es im Dorf kein Telefon. Meine Mutter lebt hier mit den fünf Kindern – ich bin mittlerweile geboren – und zwei Neffen meines Vaters. Verwandte und Bekannte unterstützen sie. Im Herbst 1970 bekommt meine Mutter einen der seltenen Briefe aus Deutschland. Ein Brief in die Türkei brauchte damals ca. zwei bis drei Wochen. Der Briefträger wedelt mit dem Umschlag und ruft meiner Mutter zu: „Gülüzar baci, Brief für dich, was bekomme ich für diese gute Nachricht?" Meine Mutter antwortet: „Wenn du mir den Brief vorliest und die Nachrichten gut sind, schenke ich dir ein paar frische Eier." Der Briefträger öffnet den Brief und liest ihn meiner Mutter vor. Er tut sich mit dem Lesen schwer, meine Mutter weiß nicht, ob sie alles richtig verstanden hat. Der Briefträger ist zwar kein guter Leser, aber mein Vater ist auch kein guter Schreiber. Wenn sie alles richtig verstanden hat, dann soll sie ihre Kinder verlassen und nach Deutschland zu meinem Vater fahren - allein. Der Briefträger bekommt von meiner Mutter keine frischen Eier geschenkt. Am Abend lässt sie sich den Brief von meiner ältesten Schwester noch einmal vorlesen. Das Ergebnis bleibt dasselbe. In Begleitung eines männlichen Verwandten geht sie nach Kayseri - 130 Kilometer von unserem Dorf entfernte große Provinzstadt -, um den Papierkram für ihre Reise zu erledigen. Als sie schließlich nach Deutschland aufbricht, bleiben fünf Kinder zwischen zehn Monaten und elf Jahren im Dorf bei Verwandten zurück. Meine Mutter möchte zumindest mich - den Säugling - mitnehmen, aber das Ausländergesetz ist rigide. Die Begründung der Behörde lautet, der Wohnraum sei ungeeignet.

Ein türkisches Sprichwort sagt, dass die älteste Schwester wie eine halbe Mutter sei. Älteren Schwestern wird traditionell die Versorgerrolle für die kleineren Geschwister übertragen, auch wenn die Mutter anwesend ist. Meine Schwester übernimmt diese Rolle wie selbstverständlich. Die Zweitälteste unterstützt sie in Erziehungs- und Versorgungsfragen nach Kräften. Das gesamte Dorf hat ein Auge auf uns Kinder. Dann aber sollen die beiden älteren Schwestern - nach dem Anwerbestopp vom 23.11.1973 - auch nach Deutschland kommen. Drei Kinder zwischen vier und acht Jahren bleiben im Dorf zurück. Abwechselnd sind wir im Dorf bei Verwandten oder in der Kreisstadt bei Großvater und Stiefoma. Bei diesem Leben zwischen

Dorf und Kreisstadt pendeln wir auch sprachlich zwischen zwei Welten.

Das kurdisch-alevitische Dorf im Landkreis Kayseri

Fünf Kilometer und zwei unterschiedliche Welten

Im Landkreis Kayseri - eine sehr konservative Gegend und eine der heutigen Hochburgen der AKP-Regierung - gibt es einige wenige kurdische Dörfer. Ihre Bewohner sind auch nicht wie der überwiegende Teil der Bevölkerung sunnitisch, sondern alevitisch. Das Alevitentum als Religion und die Kurden als Nation werden in der Türkei offiziell nicht anerkannt. Und die Konstellation kurdischer Alevit oder alevitischer Kurde ist nicht optimal, um in einer türkisch-nationalistisch geprägten Gegend zu seiner Identität zu stehen. In der fünf Kilometer entfernten Kreisstadt Sariz wohnt mein Großvater mütterlicherseits. Weil er Geschäftsmann ist, hat er das Dorf sehr früh verlassen. Sariz ist aber überwiegend sunnitisch und türkisch. Die wenigen Kurden dort geben sich nicht immer als solche zu erkennen. Da meine Großmutter sehr früh starb, heiratete mein Großvater in zweiter Ehe eine viel jüngere Frau. Er bekommt nach den drei Kindern aus der ersten Ehe noch vier weitere: drei Mädchen und einen Jungen. Für mich sind es drei weitere Tanten und ein Onkel. Diese leben nicht im Dorf, sondern in der Stadt und gehen hier auch zur Schule. Da die Nachbarn dort Türken sind, wird im Haushalt meines Großvaters Türkisch gesprochen. Meine zwei Geschwister und ich sprechen kein Wort Türkisch - schließlich sprechen die Dorfbewohner ausschließlich Kurdisch. Und jetzt sollen wir bei meinem Großvater bleiben? Wie sollen wir uns überhaupt verständigen?

Mit Geschwistern bei Verwandten im Dorf - im Bild unten rechts

Der Aufenthalt in Sariz verläuft entspannter, als ich denke. Das Sprachproblem lösen wir pragmatisch: Mein Onkel, der nur ein paar Jahre älter ist als ich, ist fasziniert davon, dass wir kein Türkisch können. Er bringt es uns bei und wir versuchen, ihm Kurdisch beizubringen. Das klappt ganz gut. Und wenn wir nicht weiterkommen oder bei Missverständnissen hilft uns unser Großvater. Nicht ganz so leicht ist es, darauf zu achten, dass wir draußen kein Kurdisch sprechen, aus Rücksicht auf die Nachbarn. Das schaffen wir nicht immer, aber außer dem Kommentar „Die Kurdenkinder sind da!“ gibt es keine größeren Konflikte. Dass ich die türkische Sprache schnell lerne, ist von Vorteil. Denn ich werde nicht nur demnächst eingeschult, sondern auch bald wieder umziehen. Dieses Mal in die große Stadt Kayseri. Wir bleiben ca. ein Jahr in Sariz und sprechen mittlerweile fließend Türkisch. Die Kurdischkenntnisse meines Onkels hingegen bleiben rudimentär - entweder sind wir schlechte Lehrer oder er ist ein schlechter Schüler.

Mit fünf Jahren komme ich in unserem Dorf in die erste Klasse. Nicht weil ich übermäßig intelligent oder gar hochbegabt bin, sondern weil ich mit meiner sechsjährigen Schwester zusammen eingeschult werden möchte. Der Lehrer findet das zwar nicht uneingeschränkt gut, aber auch die Dorfbewohner machen Druck und er lenkt ein. Es gibt nur einen Klassenraum, in dem alle Kinder unterrichtet werden. Wie das pädagogisch und didaktisch funktioniert, ist mir heute als Professor für Pädagogik nicht ganz klar. Eigentlich gleicht es einem Wunder, dass trotzdem alle Kinder Lesen, Schreiben und Rechnen lernen. Der Lehrer ist sehr streng: Vieles müssen wir auswendig lernen, bei Disziplinarproblemen, nicht erledigten Hausaufgaben oder zu langen Fingernägeln gibt es Ohrfeigen oder einen Schlag mit dem Lineal auf die Hand. 1978 geht auch meine jüngste Schwester nach Deutschland. Und ich bleibe mit meinem vier Jahre älteren Bruder in der Türkei.

Das Leben in der Großstadt und ein bärtiger Mann, der mich aus dem Schlaf reißt

Nachdem auch meine Schwester sich in Richtung Deutschland verabschiedet hat, muss ich wieder die Koffer packen. Offenbar gibt es Probleme mit unserer Betreuung. Außerdem soll mein Bruder bald auf die weiterführende Schule kommen und im Dorf gibt es weder eine Mittelschule noch ein Gymnasium.

Also kommen wir zu Verwandten in Kayseri. Sie wohnen in einem kleinen Haus mit einem riesigen Garten. Weniger Garten, aber dafür mehr Wohnfläche wäre mir persönlich lieber gewesen. Die Familie hat zwei Kinder, die Tochter, Sibel, ist ungefähr in meinem Alter und der Sohn, Ulas, etwas jünger. Ulas lebt heute in Deutschland. Sibel hat auch geheiratet und wohnt mittlerweile mit ihrem Mann in Nürnberg. Als ich sie im März 2016 nach über 25 Jahren zum ersten Mal treffe, erkennen wir uns sofort wieder.

In der Stadt komme ich in die vierte Klasse der Grundschule (in der Türkei dauert die Grundschule fünf Jahre). Sibel und Ulas sprechen kein Wort Kurdisch. Gut, dass mein Onkel mir vor der Einschulung Türkisch beigebracht hat und dass es die Unterrichtssprache in der Dorfschule war. Hier in Kayseri ist es in der Tat verboten, in der Öffentlichkeit Kurdisch zu sprechen. Abgesehen davon würde mich niemand verstehen. Weil ich in dieser Phase nur Türkisch spreche und keine Möglichkeit habe, mein Kurdisch zu praktizieren, verlerne ich es nach und nach. Dafür kann ich aber inzwischen fließend Türkisch.

Meine neue Schule ist sehr groß. Die vierte Stufe ist dreizügig, ich bin in der 4c und habe eine elegante junge Lehrerin. Im Dorf gab es nur Lehrer, zum ersten Mal in meinem Leben steht vor mir eine Lehrerin. Sibel besucht die gleiche Schule wie ich, Ulas eine andere – der Grund dafür ist mir nicht bekannt. Mein Bruder geht in die benachbarte Mittelschule. Ich werde meiner neuen Klasse als „der Junge aus dem Dorf" vorgestellt. Aber im nächsten Satz betont die Lehrerin, dass meine Eltern in Europa leben. Nun belächeln mich die Kinder zwar einerseits, weil ich aus dem Dorf komme. Aber andererseits haben sie Respekt davor, dass meine Eltern in Europa leben. Dies wird in den 1970er-Jahren verbreitet als ein Privileg der reichen Bevölkerungsschichten angesehen.

Meine Eltern sehe ich nur im Sommer, wenn sie Urlaub haben und für mehrere Wochen in die Heimat kommen. Sie bringen jedes Mal reichlich Kleidung, Sportschuhe und Bücher mit. Viele davon sind Schulbücher, alle sind in deutscher Sprache. Ich verstehe zwar kein Wort, aber schaue mir gerne die bunten Bilder an. Dort sind immer blonde Menschen abgebildet. Die Frauen sind attraktiv, haben lange blonde Haare und lächeln stets. Die Männer sind groß, gutaussehend und haben einen Seitenscheitel. Ein Bild ist sehr prägnant und geht mir nicht aus dem Kopf: eine glückliche Familie mit Mama, Papa, Tochter, Sohn und einem Schäferhund. Heute würde man das ein Klischee nennen. Aber die Familie gibt ein einheitliches Bild ab und die Familienmitglieder scheinen glücklich zu sein, auch der Hund. Entweder taucht diese Bild sehr oft auf, oder es fällt mir extrem auf, weil unsere Familie eben nicht zusammen ist. Wenig später wird mir eine Variante dieses Bildes in der Realität begegnen.

In der Stadt werde ich als Achtjähriger mit vielen Dingen konfrontiert, die ich damals überhaupt noch nicht einordnen kann. Erstens: die Wirtschaftskrise, die dazu führt, dass Lebensmittel und Güter knapp werden. Die Menschen stehen vor den Supermärkten sogar für Brot Schlange. Zweitens: Die politische Lage ist ausgesprochen prekär, das Land ist in ein linkes und ein rechtes Lager gespalten. Diese zwei Lager bekriegen sich im wahrsten Sinne des Wortes auf der Straße. Demonstrationen, die von der Polizei gewaltsam aufgelöst werden, Straßenschlachten und Mordanschläge gehören zum Alltag. Zu dieser Zeit weiß ich auch nicht, dass der Vater von Sibel und Ulas in der linken Szene aktiv ist. Er ist nicht gewalttätig, sondern politisch aktiv. Aber das ist in der Türkei grundsätzlich gefährlich: linker Aktivist.

Eines Abends - Silvester 1979 - sind drei Männer bei uns zu Besuch. Die Männer verstecken sich vor der Polizei, weil sie linke Parolen an Wände geschrieben haben. Sie diskutieren angeregt, worüber, kann ich heute nicht mehr rekonstruieren. Schließlich zückt einer eine Pistole und zeigt sie den beiden anderen. Er erzählt, dass sie monatelang unter der Erde versteckt war. Die Männer unterhalten sich und hantieren dabei mit der Waffe. Es sieht nicht so aus, als ob sie viel Erfahrung damit hätten. Auf einmal löst sich ein Schuss und die Kugel landet in dem Stuhl, auf dem ich sitze – wenige Millimeter neben meinem Bein. Alle sind zwar schockiert, aber niemand kümmert sich um mich. Schließlich hat mich die Kugel nicht getroffen. Bei der folgenden Diskussion geht es eher darum, dass die Waffe wohl nicht zu gebrauchen sei. Sie sei schließlich mehrere Monate vergraben gewesen. Ob dieser Schuss der Auslöser ist oder die allgemeine politische und wirtschaftliche Lage, werde ich (noch) nicht erfahren. Aber kurz darauf, am 10. Februar 1980, sitze ich in einem Flieger nach München. Was war passiert?

Anfang Februar bekommen alle Schülerinnen und Schüler traditionell Halbjahreszeugnisse, danach sind zwei Wochen Ferien. Für Februar ist das Wetter in Zentralanatolien angenehm. Ich rede mit meinem Bruder auf einem Spaziergang darüber, wie es eigentlich in Deutschland ist. Im Gegensatz zu mir war er schon einmal für einige Wochen dort. Er erzählt von gut angezogenen Menschen und sauberen Straßen. Von Briefträgern, die nicht nur pünktlich Briefe bringen, sondern auch freundlich grüßen. Von Supermärkten, in denen alles zu haben ist. Von Hunden, die gemeinsam mit Menschen in Wohnungen leben. Von sauberen Bussen und Bahnen, die pünktlich ankommen und abfahren. Und vor allem von Eltern, die für einen da sind. Es hört sich alles wie ein Traum an – ein Leben wie auf einem anderen Stern. Da frage ich mich zum ersten Mal: Wenn es den anderen in Deutschland so gut geht, warum muss ich fernab von meinen Eltern und Geschwistern bei Verwandten in Kayseri bleiben? Zumal ich 1976 einen weiteren Bruder bekommen habe, von dem ich nicht einmal genau weiß, wie er aussieht. Diesen kleinen Bruder werden wir immer „Made in Germany" nennen. Ich stelle mir vor, wie es mit ihm wohl wäre: Ob er Türkisch spricht? Deutsch werden wir ja wohl nicht miteinander sprechen ...?

Nach dem Spaziergang gehe ich erschöpft ins Bett. Mitten in der Nacht packt mich ein dunkler Mann mit schwarzem Schnauzbart an der Schulter. Erschrocken schreie ich, weil ich denke, dass es wieder die Männer aus der linken Szene sind. Der Mann ist aber allein und behauptet, er sei mein Vater. Ich hätte ihn alleine auf der Straße wohl nicht erkannt. Mein Bruder und die Verwandten bestätigen dies und beruhigen mich. Wir müssen uns ganz schnell anziehen, vor der Tür wartet ein Taxi. Wir haben nicht einmal die Zeit, ein paar persönliche Dinge mitzunehmen. Wäre der Mann nicht mein Vater, würde ich sagen, dass diese Aktion eine glatte Kindesentführung ist. Wir müssen uns beeilen, um einen Bus nach Ankara zu erreichen. Dort bleiben wir drei, vier Tage, mein Vater erledigt einige Behördengänge und besorgt Reisepässe für uns. Am 10. Februar schließlich steigen wir zu fünft – mein Vater nimmt auch noch zwei Töchter eines Verwandten mit – in einen Flieger nach München, denn zu dieser Jahreszeit gibt es keinen Direktflug von Ankara nach Köln. In München haben wir sechs Stunden Aufenthalt, alle sind angestrengt und übermüdet. Keiner von uns spricht Deutsch, auch mein Vater nicht. Die Mädels behaupten zwar, dass sie es könnten, aber weder die Flugbegleiterinnen noch andere Deutsche scheinen sie zu verstehen. Auf der kommunikativen Ebene kommen wir nicht weiter. Erst später finden wir heraus, dass die Mädchen eine Fantasiesprache entwickelt haben. An die türkischen Wörter fügen sie irgendwelche Endungen und reden sich ein, dass man sie versteht.

Bis wir den richtigen Warteraum finden, dauert es eine gefühlte Ewigkeit. Dort angekommen, schaue ich immer wieder aus dem Fenster, um zu sehen, wie der andere Stern (Deutschland) aussieht. Ich bin sehr neugierig und entdecke schließlich ein vertrautes Bild: eine Familie wie in meinem Lehrbuch mit einer Mutter, einem Vater, einer Tochter, einem Sohn und einem Hund. Nur eine Sache ist anders: Sie lächeln nicht so freundlich wie auf den Abbildungen. Die Kinder schauen gelangweilt in die Gegend, die Frau liest in einem Buch, der Mann eine Zeitung und der Hund schläft. Sie reden kaum miteinander. Wenn die Eltern den Kindern etwas sagen, dann rollen diese genervt mit den Augen. So etwas würde ich mich niemals trauen. Na ja, bis zu diesem Zeitpunkt habe ich meine Eltern kaum gesehen.

Irgendwann in der Morgendämmerung kommen wir dann in Köln an.

2

Das Leben auf einem anderen Stern – oder: Als an der Hauptschule die Ausländer in der Minderheit waren

In Köln werden wir von meiner jüngsten Schwester, meiner Mutter und dem kleinen Bruder „Made in Germany" empfangen. Die zwei älteren Schwestern sind bereits verheiratet und haben eigene Familien. Beide haben relativ früh, mit 18 Jahren, geheiratet. Das ist Ende der 1970er-Jahre keine Seltenheit. Das heißt, wir werden – vier Kinder und die Eltern – in Zukunft zu sechst in einer Drei-Zimmer-Wohnung leben. Weil wir seit 24 Stunden unterwegs sind, sind wir sehr müde. Aber unser kleiner Bruder, der auf einmal zwei Abis (ältere Brüder werden mit Abi angesprochen) vor sich hat, möchte uns einiges erzählen. Er hat ausgeschlafen und ist putzmunter. Wir haben schließlich doch eine gemeinsame Sprache, nämlich Türkisch.

Mein erster deutscher Satz: „Keine Angst, er will nur spielen!"

Nachdem ich den vierjährigen „Made in Germany" losgeworden bin, gehe ich nicht ins Bett, sondern auf die Straße. Direkt gegenüber von unserer Wohnung ist ein großer Park. Später begreife ich, dass dieser gar nicht so groß ist, wie ich zunächst dachte, jedenfalls nicht verglichen mit anderen Parks oder den Rheinauen. Wir wohnen mitten in der Stadt, am Ebertplatz. Die Häuser kommen mir sehr hoch und groß vor. Bis ich nach Deutschland kam, kannte ich nur Flachbauten. Ich habe zuvor nie in einem Mehrfamilienhaus gewohnt. Es ist für mich eine Umstellung, weil wir auf die Nachbarn Rücksicht nehmen sollen und nicht laut reden dürfen. Mein Abi kommt natürlich mit raus. Entweder hat er Interesse an dem Park oder er möchte mich nicht allein ziehen lassen. An diesem kalten Februarmorgen, an einem Montag, sehen wir hier kaum Menschen. Bis auf vier, fünf dunkle, schwarzhaarige Männer, die einander in einer Ecke des Parks hin und her schubsen. Wir haben zwar Angst, nähern uns aber trotzdem. Wir stellen schnell fest, dass die Gruppe die Ringernationalmannschaft des Irak ist. Sie nutzen die ruhigen Morgenstunden, um in lockerer Atmosphäre zu trainieren. Der Trainer wirkt aber ziemlich angestrengt und aggressiv. Jede Kleinigkeit wird mit einem strengen Hinweis oder gar mit einem leichten Stockschlag auf den Rücken geahndet.

Wir sehen uns ein wenig um. Einige Spaziergänger mit Hunden fallen mir sofort auf. Hunde scheinen hier in Deutschland eine andere Bedeutung zu haben. Sie sind nicht nur als Familienmitglieder auf den Lehrbüchern abgebildet, sondern auch ins Alltagsleben der Menschen integriert. Als der Hund einer Spaziergängerin uns sieht, rennt er auf uns zu. Er bellt und wedelt dabei mit dem Schwanz. Wir beide sind sehr ängstlich. Denn in der Türkei ist es so, dass ein Hund als Wache fungiert, und wenn er bellt, ist es kein gutes Zeichen. Wir wollen vor Panik weglaufen, aber der Hund ist unheimlich schnell. Ich beginne vor Angst zu weinen und kann mich nicht vom Fleck rühren. Ich versuche mich hinter meinem Bruder zu verstecken, aber auch der hat Angst. Die Hundebesitzerin ist keine große Hilfe. Sie redet auf uns beide – vor allem auf mich – ein, ich verstehe natürlich kein Wort. Mein Bruder sagt immer wieder „ja, ja“, aber ich glaube nicht, dass er viel mehr versteht als ich. So oder so: Ich habe schlicht und einfach Angst vor dem Hund. Und die Intervention der Hundehalterin, der aggressive Ton gepaart mit ihrer Körpersprache, verschlimmert die Situation, statt sie zu entspannen. Erst später dämmert uns, dass der Hund in friedfertiger Absicht auf uns zukam. Immerhin lerne ich meinen ersten deutschen Satz, der mich mein Leben lang begleiten wird: „Keine Angst, er will nur spielen." Diesen Satz wiederholt die Hundebesitzerin mindestens zehn Mal, in steigender Lautstärke. Schließlich kommen andere Spaziergänger mit ihren Hunden und die Ringermannschaft dazu. Nicht unbedingt eine Idealbesetzung zur Deeskalation. Die Ringer reden auf uns ein, die Spaziergänger sowieso. Es ist ein großes Durcheinander und ein sprachliches Chaos. Endlich ein Lichtblick: Einen der Ringer kann ich verstehen, er spricht Kurdisch. Er kann uns schließlich beruhigen und die Situation klären. Die gesamte Ringermannschaft eskortiert uns am Ende nach Hause. Und seit dem 11. Februar 1980 denke ich darüber nach, vor wem ich mehr Angst haben muss: vor den Hunden oder den Hundebesitzern.

Die ersten Stunden in Deutschland beginnen ziemlich aufregend. Meine Mutter reagiert panisch, als wir in Begleitung von fünf Bodyguards nach Hause kommen und eingeschüchtert wirken. Zum Glück erklärt der kurdischsprachige Ringer ihr, dass wir lediglich Angst vor einem harmlosen kleinen Hund hatten. Meine Mutter ist zwar beruhigt, aber dafür bin ich total beleidigt. Dieser Hund war für mich überhaupt nicht harmlos!

Die deutsche Ordnung: mit pünktlich fahrender U-Bahn zur „Polizei" und ins „Krankenhaus"

Am nächsten Tag weckt uns mein Vater früh und sagt, wir hätten Termine bei der Polizei und im Krankenhaus. Ich verstehe nicht, warum: Schließlich hat der Hund mich nicht gebissen – keine Straftat, keine Verletzung –, was soll ich bei der Polizei und im Krankenhaus? Andererseits bin ich mit zehn Jahren gerade in einem neuen Land angekommen und habe erst seit wenigen Tagen einen Vater, der in meinem Alltag eine Rolle spielt. Da stelle ich lieber keine Fragen und gehe einfach mit. Er muss es ja schließlich wissen. Die U-Bahn-Haltestelle ist nicht weit; wir müssen nur durch den Park, auf der anderen Seite befindet sich die Haltestelle Ebertplatz. Mein Blick richtet sich in erster Linie auf die Spaziergänger mit Hunden. Erleichtert stelle ich fest, dass keiner der Hunde mit mir spielen will. Immerhin hätte ich heute zumindest die Entwarnung des Besitzers verstanden.

An der Haltestelle ist es sehr wuselig. Es ist ein Dienstag und wir sind in Rushhour gelandet. Mein Vater scheint Spätschicht zu haben. Es sind lauter gestresste Menschen unterwegs, die weder reden noch freundlich schauen. Der eine liest ein Buch, der andere eine Zeitung, ein Junge fährt mit Schuhen, die vier kleine Räder haben. Auf dem Bahnsteig rempelt er andere Fahrgäste an. Später erfahre ich, dass diese speziellen Schuhe mit kleinen Rädchen Rollschuhe heißen. Ein Mädchen trägt einen Kopfhörer und hört laut Musik. Den Kopfhörer hätte sie sich auch sparen können, denke ich mir. Alles Dinge, die ich zum ersten Mal in meinem Leben sehe. Wir müssen uns erst orientieren und wissen nicht genau, welche Bahn wir nehmen müssen. Auf der Anzeigetafel steht, welche Linie wohin fährt und wann sie abfährt. Mein Vater sagt, dass wir die Linie fünf nehmen müssen, Abfahrt ist laut Anzeigetafel um 07.53 Uhr. Warum 07.53 Uhr? Warum nicht um 07.30 oder 8.00 Uhr? Ich bin schockiert, als bei der Linie fünf exakt um 07.53 Uhr die Türen aufgehen und alle reindrängen. Das muss die deutsche Pünktlichkeit sein, die ich aus den Erzählungen kenne. Auch mein Vater steigt ein, ohne zu bemerken, dass ich in dem Gedränge verloren gehe. Erst in letzter Sekunde springe ich in die Bahn – umgeben von Fremden, sehe ich weder meinen Vater noch meinen Bruder. Das Mädchen mit dem Kopfhörer spricht mich an. Was sie sagt, erschließt sich mir in diesem Chaos nicht. In dem Moment rempelt mich der Rollschuhfahrer von der Seite an und fährt davon. Das Mädchen und ich stürzen zu Boden. Niemand lacht oder schimpft. Eher sind die Fahrgäste genervt, weil wir sie bei ihrer Morgenlektüre stören. Endlich entdecke ich meinen Vater, schimpfend und mit einem roten Kopf. Er fragt mich, wo ich war und warum ich das arme Mädchen anrempele. Meint er das jetzt ernst? Oder möchte er von seinem eigenen Verhalten ablenken? Er hätte doch viel besser auf mich aufpassen müssen! Wie dem auch sei, ich entschuldige mich brav bei dem Mädchen und gehe mit meinem Vater mit. Die Fahrt dauert nicht lang, nach wenigen Minuten müssen wir aussteigen. Dieses Mal konzentriere ich mich darauf, meinen Vater nicht aus den Augen zu verlieren. Das fällt mir aber nicht leicht, weil ich so viele neue Eindrücke verarbeiten muss. Nach wenigen Minuten betreten wir ein großes Gebäude. Ich bin überrascht, weil ich weder uniformierte Polizisten noch Polizeiautos mit Blaulicht sehe. Es sieht alles sehr ordentlich aus und der Umgang der Menschen miteinander ist äußerst zivilisiert. Anders als im Film, wo auf dem Revier immer auch ein paar Verbrecher zu sehen sind, die gerade abgeführt werden. Später warten wir vor einem Büro und werden von einer sanften weiblichen Stimme mit „Toprak!" hereingerufen. Ich sage zu meinem Bruder auf Türkisch: „Das ist aber eine sehr nette Polizistin." Mein Vater ruft mich zur Ordnung und händigt der Frau unsere Reisepässe sowie einige Papiere aus. Die Frau schaut sich die Unterlagen genauer an und drückt irgendwelche Stempel in den Pass. Danach können wir auch schon gehen. Während wir uns auf dem Gang in Richtung Aufzug bewegen, ruft die Polizistin „Topuz" auf.

„Jetzt müssen wir ins Krankenhaus!", sagt mein Vater. Diesmal müssen wir nicht mit der U-Bahn fahren, sondern gehen zu Fuß. Nach wenigen Minuten stehen wir vor einem Gebäude, das nicht wie ein Krankenhaus aussieht. Denn hier laufen keine Ärzte und Krankenschwestern in weißen Kitteln herum und Krankenwagen mit Blaulicht sehe ich vor dem Gebäude auch nicht. Wir müssen wieder vor einer Tür warten. Nach kurzer Zeit höre ich eine männliche Stimme „Toprak!" rufen. Erst wird mein Bruder untersucht, danach bin ich dran. Der nette Arzt schaut sich alles genau an, Hals und Mund, danach die Zähne, Augen und Ohren. Die gesamte Untersuchung dauert eine Viertelstunde und wird mit einer Spritze in die Schulter abgeschlossen. Eine Impfung, wie ich später erfahre. Als wir dann gegen Mittag wieder zu Hause sind, warten „Made in Germany", eine der verheirateten Schwestern und meine Mutter auf uns. Sie fragt, wie es bei der Polizei war. Kaum will ich den Mund aufmachen, um meiner Mutter zu berichten, wie nett und freundlich die Polizisten in Deutschland sind, da geht schon meine Schwester dazwischen. „Mama, hör doch auf, zur Ausländerbehörde ‚Polizei' zu sagen und das Gesundheitsamt als ‚Krankenhaus' zu bezeichnen." Jetzt wird mir alles klarer: Wir waren bei der Ausländerbehörde, um eine Aufenthaltserlaubnis zu bekommen, und beim Gesundheitsamt, um geimpft zu werden.

Hauptschule – Ausländerschule?

Eine Woche nach unserer Ankunft kommen mein Bruder und ich in die Hauptschule Kolkrabenweg in Köln-Vogelsang. Gefühlt ist die Fahrt dorthin eine Weltreise. Wir fahren ewig mit der U-Bahn und später mit dem Bus, der durch ganz Vogelsang tingelt. Laut Google Maps ist die Schule zehn Kilometer vom Ebertplatz entfernt. Damals kam es mir aber viel weiter vor. Warum wir diese Schule besuchen und nicht die fußläufige Hansaring-Hauptschule, in die auch meine Schwester geht, verstehe ich nicht. Zum Glück gab es auch hier gerade Halbjahreszeugnisse und wir können gleich mit Beginn des zweiten Halbjahres starten. Anfangs bin ich mit meinem Bruder in der gleichen Klasse, zusammen mit lauter türkischen Kindern. Die einzige Deutsch sprechende Person ist unsere Klassenlehrerin, die ich hier Frau Adamski nennen will.

Die Hauptschule Kolkrabenweg befindet sich in einer Gegend in Vogelsang, die man als „ausgewogene Mittelschichtsgegend" bezeichnen würde. Die Schule liegt im Grünen, Reihenhäuser und Häuser mit Gärten prägen das Bild. Das Schulgebäude ist flach, hat nur zwei Etagen, einen großen Konferenz- und Theatersaal sowie eine große Turnhalle und einen Sportplatz. Es gibt zwei Pausenhöfe, die durch das Gebäude des Hausmeisters und den Theatersaal getrennt werden. Wir besuchen die sogenannten türkischen Vorbereitungsklassen und sind im Gebäude auf der rechten Seite mit eigenem Pausenhof untergebracht. Das linke Gebäude mit eigenem Pausenhof ist für die Regelklassen, für Deutsche, vorgesehen. Es ist zwar nicht verboten, aber wir trauen uns trotzdem nicht, in der Pause auf die andere Seite zu wechseln. In der Soziologie nennt man eine solche Aufteilung Segregation, also das Gegenteil von Integration. Im ersten Jahr wird mir auch nicht ganz klar, was die Bezeichnung „türkische Vorbereitungsklassen" bedeutet. Es gibt zu dieser Zeit in unserer Schule auch noch italienische und griechische Vorbereitungsklassen. Werden wir auf die deutschen Regelklassen vorbereitet oder auf die Rückkehr ins jeweilige Heimatland? Wenn ich die Aufteilung nach Nationalitäten betrachte und sehe, welche Inhalte vermittelt werden, komme ich zu dem Ergebnis, dass wir auf die Rückkehr in die Heimat vorbereitet werden. Noch bevor ich mich in Deutschland eingefunden habe, werde ich auf meine Rückkehr vorbereitet. Ich hätte mich eher darüber gefreut, auf Deutschland vorbereitet zu werden.

8. Klasse Hauptschule Kolkrabenweg – Köln Vogelsang – im Bild untere Reihe, zweiter von links

In der Schule lernen wir neben der deutschen Sprache Mathematik, Türkisch und Geschichte, aber die türkische Geschichte, nicht die deutsche. Der Türkisch- und Geschichtsunterricht wird von einer jungen Lehrerin in Türkisch abgehalten. Unsere deutsche Lehrerin – Frau Adamski – ist sehr engagiert und bringt uns Deutsch und mathematische Grundlagen bei. Mein Bruder macht nicht nur in Deutsch schnell Fortschritte, sondern auch in Mathematik. Nach einem halben Jahr wechselt er in die Vorbereitungsklasse für Fortgeschrittene, um im Jahr darauf den Schulhof zu wechseln. Alle sind positiv überrascht und ich bin mächtig stolz. Knapp 18 Monate nach unserer Ankunft in Deutschland darf mein Abi in der Regelklasse mit deutschen Kindern lernen. Bis dato für mich ein unerreichbares Ziel.

Warum Lehrkräfte keine Pädagogen sind

Anfangs mache ich in der Schule nicht so gute Fortschritte wie mein Abi. Mir fällt die Sprache relativ schwer; für Mathematik bin ich grundsätzlich nicht zu gebrauchen. Diese langsame Entwicklung entgeht natürlich auch Frau Adamski nicht. Sie ist eine nette, freundliche und engagierte Lehrerin. Zum ersten Mal besuche ich eine Schule, in der es für schlechte Leistungen oder nicht gemachte Hausaufgaben keine Ohrfeigen oder Schläge mit dem Lineal auf die Hand oder auf den Kopf gibt. Aber eins stört mich bei Frau Adamski trotzdem: Sie gibt jeden Freitag vor der Klasse eine Rückmeldung zu individuellen Leistungen. Konkret benennt sie eine Top-Drei von Schülern, die die erforderlichen Leistungen erbringen und sich ihrer Meinung nach sehr gut entwickelt haben. Als mein Bruder noch in meiner Klasse ist, gehört er jede Woche zu dieser Dreier-Gruppe. Er wird immer als Erster genannt, vermutlich ist er also sogar Klassenbester. Das allein wirkt schon demoralisierend auf mich. Noch schlimmer ist, dass sie jede Woche auch drei benennt, die relativ schlecht sind und kaum Fortschritte machen. Diese Rückmeldung gibt sie in der Tat jede Woche, ohne Ausnahme, vermutlich um drei Personen das Wochenende zu verhageln – oder welches pädagogische Konzept steckt dahinter? Ich gehöre regelmäßig zu den drei schlechtesten Schülern. Anfangs bin ich noch motiviert und fleißig, weil ich nicht von Frau Adamski erwähnt werden möchte, zumindest nicht in dieser Kategorie. Und siehe da, ich habe Erfolg. An einem Freitag nennt sie wieder drei Namen von Schülern, die schwach sind und keine nennenswerten Fortschritte machen, und zum ersten Mal bin ich nicht dabei. Ich bin sehr stolz darauf, mein Abi ebenso. Er ermuntert und motiviert mich unablässig und sieht sich nun bestätigt. Eine Woche darauf kommen wieder die Tops und Flops der Woche. Frau Adamski nennt wieder meinen Namen unter den Flops. Ich frage nach, was innerhalb einer Woche passiert ist. Sie sagt mir nur erstaunt und trocken, dass sie in der Vorwoche vergessen habe, mich unter den Flops zu erwähnen. Meine Motivation ist bei Null, mein Interesse an deutscher Grammatik und Rechtschreibung sinkt.

Diese wöchentlichen Feedbacks von Frau Adamski wirken sich negativ auf meinen Alltag aus. Weil ich das Gefühl habe, nicht Deutsch sprechen zu können, entwickle ich folgendes Muster: Wenn jemand mich anspricht oder etwas fragt, sage ich grundsätzlich „Ich kann kein Deutsch". Diesen Satz verwende ich mindesten bis Spätherbst 1980, also ein Dreivierteljahr lang. Immer wenn mich jemand in Deutsch anspricht, sage ich meinen vorbereiteten Satz auf.

Als mich im November ein etwas älterer Mann fragt, wie er zur Agnes-Kirche kommt, sage ich einfach, dass ich kein Deutsch spreche. Aber unbewusst zeige ich mit der Hand in Richtung Agnes-Kirche. Er fragt nach, ich sage wieder meinen Satz auf und weise in die Richtung. Daraufhin fragt mich der Mann, warum ich immer wieder betone, dass ich nicht Deutsch spreche, obwohl ich ihn sehr gut verstehe und den Weg gerade beschrieben hätte. Ohne es zu bemerken, habe ich ihm anscheinend den Weg in zusammenhängenden Sätzen erklärt. Er sagt mir, dass ich mit diesem Quatsch aufhören soll, und drückt mir als Dankeschön eine D-Mark in die Hand. Die Begegnung mit diesem Passanten trägt dazu bei, dass ich meinen zurechtgelegten Satz aufgebe. Wenn die Menschen mich etwas fragen, dann antworte ich einfach. Eine Woche später bemerkt sogar der Kioskbesitzer um die Ecke, wie fließend und gut ich Deutsch spreche. Durch diese positiven Rückmeldungen bin ich motiviert und gebe mir in der Schule sehr viel mehr Mühe. Gegen Weihnachten tauche ich nicht mehr in den Tops und Flops der Woche von Frau Adamski auf, grundsätzlich nicht mehr. Über meine Mittelmäßigkeit bin ich äußerst glücklich. Im Sommer 1981 wechsele ich in die Vorbereitungsklasse für Fortgeschrittene, einen Sommer später in die Regelklasse und damit auf den Schulhof der Deutschen.

Ich komme in die sechste Klasse und habe wieder eine Klassenlehrerin, die sehr freundlich ist. Auch bei ihr gibt es keine Ohrfeigen oder Schläge. Ich begreife allmählich, dass solche Methoden in Deutschland verboten sind. In der Klasse gibt es nur drei Kinder mit ausländischen Wurzeln, alle drei haben türkische Vor- und Nachnamen. Der eine Junge, mit dem ich mich später anfreunde, spricht gebrochen Türkisch. Ich bin fasziniert von ihm, denn ich kann mir nicht vorstellen, wie man besser Deutsch als Türkisch sprechen kann. Und das erprobte Spiel kommt wieder zum Einsatz: Er hilft mir in Deutsch und ich helfe ihm bei Türkisch, wie damals mit meinem Onkel auf dem Land. Im ersten Halbjahr mache ich sehr gute Fortschritte. Vor allem die freie Meinungsäußerung, die Art und Weise, wie wir mit unseren Lehrern diskutieren, gefällt mir. Wenn man sachbezogen dem Lehrer oder der Lehrerin widerspricht und schlüssig argumentiert, bekommt man keinen Ärger oder Prügel, sondern gute Noten. Entsprechende Leistungen in Geschichte und Erdkunde zahlen sich aus: Mein erstes Halbjahreszeugnis in der Regelklasse kann sich sehen lassen. Außer einer Drei in Mathematik habe ich nur Einser und Zweier, nicht einmal in Deutsch habe ich eine Drei. Vielleicht ist auch dieses erste Zeugnis in der Regelklasse der Auslöser für meine sinkende Leistungsbereitschaft. Anfang des zweiten Halbjahres bespricht die Lehrerin mit uns, welche Schülerinnen und Schüler, bezogen auf ihre Leistungen aus dem Halbjahreszeugnis, in eine Realschule wechseln könnten. Da ich jetzt ein guter Schüler bin, frage ich, ob ich auch wechseln kann. Kaum bin ich nicht mehr unter den Flops, stelle ich auch schon Ansprüche! Noch dazu verwechsle ich die Schulgattungen und glaube, dass das Gymnasium einfacher sei als die Realschule. Da ich bescheiden bleiben möchte, äußere ich den Wunsch, nicht auf die Realschule, sondern nur aufs Gymnasium zu wollen. Die Lehrerin lacht so laut, dass die Wände wackeln, und auch die Schüler liegen vor Lachen auf dem Boden. Dann erklärt die Lehrerin, dass das Gymnasium für die Elite sei und ausländische Kinder für diese Schulform komplett ungeeignet seien. Das Abitur ermögliche schließlich das Studium an einer Universität und dafür seien ausländische Kinder im Allgemeinen und ich im Besonderen nicht geeignet. Diese Lehrstunde über das deutsche Schul- und Bildungssystem tut mir überhaupt nicht gut. Ich schließe daraus, dass es sich nicht lohnt zu lernen, weil es definitiv ausgeschlossen ist, dass ich studieren kann. Damals eine sozusagen amtliche Aussage aus dem Munde einer deutschen Beamtin. Im zweiten Halbjahr der sechsten Klasse verschlechtere ich mich in jedem Fach mindestens um zwei Noten. Mit Ach und Krach werde ich versetzt.

Welchen pädagogischen Mehrwert haben die Klassenfahrten?

Die Schulen in der Türkei sind im Vergleich zu Deutschland ganz anders organisiert, worauf ich noch zu sprechen kommen werde. Mehrtägige Klassenfahrten mit Übernachtungen gehören sicherlich nicht dazu. Neben den finanziellen Rahmenbedingungen und den pädagogischen Überlegungen spielen selbstverständlich strenge moralische und patriarchalische Geschlechterrollen eine große Rolle, warum Jungen und Mädchen nicht gemeinsam über Nacht wegfahren. Es ist auch heute noch so, dass die studentischen Wohnheime in der Türkei streng nach Geschlechtern getrennt werden. Dass in einem studentischen Wohnheim eine Studentin einen anderen Studenten oder umgekehrt über Nacht besucht, ist undenkbar. Neben den moralischen Vorstellungen ist es auch praktisch unmöglich, weil die Studentinnen und Studenten keine Einzelzimmer beziehen, sondern im besten Fall nur einen Mitbewohner oder eine Mitbewohnerin haben. Noch ein weiteres Beispiel für strenge und paternalistische Moralvorstellung: Abseits von Touristenhochburgen werden (erwachsene) Paare nach einer Heiratsurkunde gefragt, wenn sie in einem Hotel übernachten möchten. Können sie nicht nachweisen, dass sie miteinander verheiratet sind, dürfen sie im Hotel nicht einchecken. Für uns in Deutschland eine undenkbare Vorstellung, aber eine traurige Realität in der Türkei.

Wer diese Rahmenbedingungen kennt, kann sich vorstellen, welche Diskussionen in den Familien zwischen den Kindern und Eltern entstehen, wenn in der Schule eine Klassenfahrt ansteht. Für Kinder aus Afghanistan, Syrien, Maghreb-Ländern, Iran oder Irak sind die Bedingungen die gleichen wie die der türkischen Kinder.

Früher oder später wird bei uns in der Familie das Thema aufkommen, wenn man bedenkt, dass vier schulpflichtige Kinder und Jugendliche herumtoben. Wie gehen wohl meine Eltern damit um? Bei meinem älteren Bruder kommt eine Klassenfahrt nicht zustande. Er bleibt ja nur drei Jahre in Deutschland, ein Jahr davon in der Vorbereitungsklasse. Da finden keine Klassenfahrten statt. Als ich dann in der Regelkasse in die siebte Klasse komme, ist tatsächlich eine Klassenfahrt geplant. Direkt zu Beginn des Schuljahres soll es in eine Jugendherberge weit weg von Köln gehen. Zumindest denke ich, dass Wipperfürth von Köln weit entfernt ist. Laut Google Maps liegt Wipperfürth 50 Kilometer nordöstlich von Köln. Eine Weltreise ist das sicherlich nicht. Als ich meinen Eltern von der Klassenfahrt erzähle, verstehen sie nicht, warum sich die Schule die Mühe macht, mit den Kindern eine Woche wegzufahren. Sie fragen, was wir dort lernen. Ich weiß auch nicht, ob überhaupt und was gelernt wird. Mit lernen meinen meine Eltern natürlich den (Mehr-) Erwerb von kognitivem Wissen. Mit finanziellen Engpässen oder moralischen Vorbehalten argumentieren sie (noch) nicht. Vermutlich, weil ich ein Junge bin. Den pädagogischen Auftrag einer Klassenfahrt verstehen sie zwar nicht, stimmen aber dennoch zu, dass ich mitfahren darf. Mein Argument, dass die Klassenfahrt eine schulische Pflicht ist, überzeugt meine Eltern scheinbar. Ich weiß nicht mehr im Detail, was wir in Wipperfürth gemacht haben, aber zwei Dinge weiß ich sehr genau: Wir haben jede Menge Spaß gehabt, die Lehrerkräfte und Mitschüler ganz anders kennengelernt, sind als Klasse zusammengewachsen und dadurch habe ich mich mit ganz anderen Kindern befreundet, die ich gar nicht auf dem Schirm hatte.

Als dann aber bei meiner Schwester eine Klassenfahrt angesagt ist, reagieren meine Eltern ganz anders. Plötzlich sind sie gegen eine Teilnahme. Das Problem: Sie ist ein Mädchen. Außerdem würden die Jugendlichen dort rauchen und Bier trinken; ganz zu Schweigen von sexuellen Kontakten. Meine Begründung, dass die Klassenfahrt eine schulische Pflicht sei, was vor einem halben Jahr überzeugt hat, zieht bei meinen Eltern diesmal nicht. Sie hätten sich schließlich bei anderen Eltern und Verwandten informiert. Man müsse sein Kind nicht mitschicken, vor allem die Mädchen nicht. Bei dieser Begründung sind wir mehr als empört. Nach dem wir auch die anderen Schwestern einschalten, lenken meine Eltern ein. Wir erfahren später, dass sie eigentlich nichts dagegen hatten, aber die Verwandten hätten gesagt, dass es sich nicht gehört, wenn Mädchen in diesem Alter für eine Woche mit Jungen wegführen. Dörflich geprägte patriarchalische Denkstrukturen legt man ja schließlich nicht von heute auf morgen ab. Auch meine Eltern nicht. Sie lassen sich noch von den kollektivistischen Einstellungen des Dorfes leiten. Der Druck ist enorm: Was sagen wohl die anderen, wenn sie der Tochter erlauben, mitzufahren? Unser Argument: Die anderen sollen sich an uns orientieren, damit auch die anderen Mädchen mitfahren können. Wir sollen doch als Vorbild für andere fungieren und uns von solchen dörflichen Denk- und

Handlungsmustern befreien, so die Verteidigungsstrategie meiner verheirateten Schwester. Sie hätte auch Politikerin werden können. Argumentativ und rhetorisch ist ihr nicht beizukommen, mein Vater erst recht nicht.

Meine Schwester ist mittlerweile in der achten Klasse und ist überglücklich, dass sie mitfahren darf. Zwei von fünf anderen türkischen Mädchen fahren ebenso mit. Wir erfahren später, dass die anderen Eltern deshalb zugestimmt haben, weil sie mitbekamen, dass meinen Eltern zugestimmt haben. Das Argument, die anderen sollen sich an uns orientieren, fruchtet scheinbar zaghaft. Meine Schwester macht während der Klassenfahrt ähnliche Erfahrungen wie ich. Sie nimmt mittlerweile am Schwimmunterricht teil, obwohl sie Angst vor dem Wasser hat. Mit dieser Entscheidung wächst auch unsere Familie zusammen. Meine Eltern wirken auf uns viel liberaler. Und die Begründung, was die Verwandten sagen würden, hören viel seltener.

Der Islam ist an allem schuld

Was die Schulleistungen angeht, bleibe ich in den folgenden Jahren eher unauffällig. Ich bleibe zwar nie sitzen, aber ein guter Schüler bin ich auch nicht. Ich mache nur das Nötigste, um versetzt zu werden. Dafür komme ich bei meinen Mitschülern gut an. Ich werde jedes Jahr als Klassensprecher vorgeschlagen. Aber die Klassenlehrerin findet immer wieder einen triftigen Grund, warum ich für dieses Amt nicht in Frage komme. Ich kann mittlerweile nicht nur schnell reden, sondern auch argumentativ mit vielen Deutschen mithalten und einige sogar in Grund und Boden reden. Auch gegenüber den Lehrkräften kann ich phasenweise gut argumentieren, ich bin schlagfertig, aber nicht respektlos oder unverschämt. Dennoch bleiben kleinere Schulstreiche nicht aus.

In der achten Klasse steht in Biologie Sexualkunde an. Damit die Schüler bei dem heiklen Thema offener sind, werden Mädchen und Jungen getrennt unterrichtet. Wir Jungs bekommen eine sehr junge und attraktive Lehrerin zugeteilt. Unsere Klassenlehrerin sagt, diese Lehrerin befinde sich noch in der Ausbildung. Heute weiß ich, dass sie eine Referendarin auf dem Weg zum zweiten Staatsexamen war. Wie dem auch sei; wir – ca. 14 14- bis 15-jährige Jungs – freuen uns auf die Lehrerin, aber nicht auf den Unterricht. Sie ist sehr bemüht, aber doch nicht so selbstbewusst und resolut wie die anderen Lehrerinnen und Lehrer. Ein paar der Jungs stecken geheimnisvoll die Köpfe zusammen und tuscheln, sobald sie in die Klasse kommt. Zu dieser Zeit heißen die meisten Jungs in unserer Schule Peter, Uwe, Guido, Christian oder Marc. Alis, Mehmets, Ahmets, Hakans, Muhameds oder Emres sind die absolute Ausnahme. Ich bin neugierig und versuche herauszubekommen, was sie zu besprechen haben. Das Geheimnis, das sie lüften wollen, ist die Frage, welche Farbe wohl der Slip der attraktiven Lehrerin hat. In diesem Alter haben Jungs nun mal solch weltbewegende Interessen. Ich sage locker und trocken: „Ist doch kein Problem, kriegen wir vielleicht nächste Woche raus. Heute ist es etwas schwieriger." Jetzt gebe ich mich mal geheimnisvoll. Was kann das wohl sein, was heute schwierig ist, aber nächste Woche leicht funktionieren könnte? Ich sage nur: „Wir warten, was nächste Woche ist."

Als die Biologiereferendarin in der Woche darauf den Raum betritt, sage ich: „Heute kriegen wir das locker raus." Alle schauen mich erstaunt an und fragen sich, wie das gehen soll. Die Lehrerin trägt heute eine weiße, dünne Sommerhose, letzte Woche war es eine schwarze Jeans. Ich nehme den Schwamm, halte ihn kurz unter Wasser und lege ihn schnell auf den Stuhl der Lehrerin. Als sie sich setzt, springt sie sofort erschrocken auf und dreht sich mit dem Popo zur Klasse. Alle Jungs schreien wie im Stadion: „Huuuuuu rosaaaaaa!" Jetzt wissen wir alle, dass sie einen rosa-roten Slip trägt. Die Lehrerin ist ziemlich sauer und möchte wissen, wer der Übeltäter ist. Alle schauen –

wie in solchen Fällen üblich – auf den Boden. Ich melde mich und bekenne mich schuldig. Ich entschuldige mich bei der Lehrerin und verspreche hoch und heilig, dass so etwas nie wieder vorkommen wird. Aber trotzdem ist sie ziemlich verärgert und kündigt an, dass dieses Verhalten Konsequenzen haben wird. Sie informiert unsere Klassenlehrerin über den Vorfall.

Eine Woche später wird meine Mutter in die Schule zitiert, um mit meiner Klassenlehrerin über mein Fehlverhalten zu sprechen. Hier gibt es allerdings zwei gute Nachrichten: Die Deutschkenntnisse meiner Mutter sind nicht so weit fortgeschritten, dass sie alle Zusammenhänge verstehen wird. Und ich darf die Aussagen meiner Lehrerin ins Türkische übersetzen. Als wir eintreffen, merkt meine Mutter bereits an der Körpersprache der Lehrerin, dass diese ziemlich aufgebracht ist. Sie betont, dass in Deutschland Gleichberechtigung zwischen Männern und Frauen herrsche. Lehrerinnen würden hier in Deutschland genauso respektiert wie Lehrer. Außerdem seien wir nicht in der Türkei und auch der Islam erlaube es nicht, Frauen respektlos zu behandeln. Ich übersetze die Aussagen natürlich selektiv und vor allem nicht ganz unparteiisch. Trotzdem merke ich, dass meine Mutter sauer ist. Sie lächelt verlegen und sagt „ja, ja" und „dankschön". Aber, was heißt das schon? Wenn Leute „ja" sagen und sich bedanken, heißt das oft, dass sie eigentlich Bahnhof verstehen. Als wir draußen sind, fragt mich meine Mutter, was wir mit dem Islam zu tun hätten. Denn dieses Wort hat sie dann doch verstanden und sich den Rest zusammengereimt.

Während der ersten 14 Jahre meines Lebens habe ich meine Eltern nur in den letzten vier Jahren täglich gesehen. Aber in diesen vier Jahren spielten Religion und religiöse Sozialisation in der Erziehung keine Rolle. Meine Eltern versuchen, uns geschlechtsunabhängig universelle Werte wie Hilfsbereitschaft, Aufrichtigkeit, Toleranz, Humanismus, Ehrlichkeit und selbständiges Denken mit auf den Weg zu geben. Ich muss erklärend hinzufügen, dass manche Aleviten sich nicht als Muslime definieren, sondern das Alevitentum als eigenständige Religion betrachten. Auch die alevitisch-religiöse Erziehung steht bei meinen Eltern nicht im Mittelpunkt. Und jetzt kommt meine Lehrerin und konfrontiert meine Mutter mit dem Islam und der Gleichberechtigung zwischen den Geschlechtern. Sie fragt mich, was ich gemacht habe, sodass die Lehrerin auf den Islam Bezug nimmt. Ich erkläre, dass wir ihr einen Jungenstreich gespielt hätten und ich nicht wisse, was dieser Streich mit dem Islam zu tun hat.

Nachdem meine Mutter, mein Vater und meine Geschwister mit mir geschimpft haben, halte ich mich mit größeren und kleineren Schülerstreichen zurück. Ich möchte schlicht und einfach nicht, dass meine Eltern in die Schule bestellt und bloßgestellt werden. Dass der Islam herangezogen wurde, hat nicht nur meiner Mutter zugesetzt, sondern der gesamten Familie. Da meine Mutter sich vor der Lehrerin sehr geschämt und die Hälfte nicht verstanden hat, beschließt sie, dass jemand anders zu der regulären Elternsprechstunde gehen soll. Weil mein Vater noch schlechter Deutsch spricht als sie, fällt die Wahl zunächst auf meine erwachsene Schwester. Aber sie hat Schichtdienst im Krankenhaus und so macht sich ihr Mann, mein Schwager, auf den Weg nach Vogelsang. Er ist ein sanfter, introvertierter und stiller Typ. Rein äußerlich wirkt er aber nicht unbedingt sanft: Er ist über 1,80 m groß, hat schwarze, lockige Haare und einen schwarzen Schnauzer. Er stellt sich der Lehrerin vor und möchte sich mit ihr über mich unterhalten. Meine Lehrerin lehnt das jedoch ab, schließlich sei er nicht mein Erziehungsberechtigter. Er versucht trotzdem, mit ihr ins Gespräch zu kommen, denn er möchte nicht unverrichteter Dinge nach Hause kommen. Unter diesem Druck wird er für seine Verhältnisse doch etwas vehement. Die Lehrerin schmeißt ihn raus und weist darauf hin, dass sie von einem türkisch-muslimischen Mann respektiert werden möchte. Wir seien ja schließlich nicht in der Türkei, wo Frauen nichts wert sind. Relativ enttäuscht, aber auch erstaunt, kehrt er zurück. Er berichtet, dass meine Lehrerin ihn nach Hause geschickt habe, ohne mit ihm zu reden. Sie sei offenkundig sauer gewesen, aber er habe nicht verstanden, warum, und auch nicht, warum sie immer wieder Respekt eingefordert habe. Vor allem war er – wie meine Mutter auch – erstaunt darüber, dass die Lehrerin den Islam erwähnt und betont habe, dass wir nicht in der Türkei seien. Auch dieser erneute Hinweis auf den Islam gibt meiner Familie zu denken, da er in unserem Alltag und in unseren Handlungen in keiner Weise eine Rolle spielt.

Einige Wochen später findet in unserer Schule das jährliche Sommerfest statt. Da mein Schwager sich unerwünscht und eingeschüchtert fühlt und mein Vater solche Veranstaltungen grundsätzlich meidet, gehe ich mit meiner Mutter dorthin. Schließlich möchte meine Familie etwas gutmachen und in der Schule Präsenz zeigen. Leider ist meine Mutter krank und muss irgendwelche Antibiotika schlucken. Auf dem Schulfest gibt es viele Aktionen und Stände, ich bleibe an der Seite meiner Mutter, damit sie nicht verloren geht. In diesem Moment kommt vom Grillstand ein Mann auf uns zu. Er drückt mir eine Bratwurst und eine Cola in die Hand, meiner Mutter eine Flasche Kölsch und eine Bratwurst im Brot. Er wünscht uns einen guten Appetit und geht wieder zurück zu seinem Grill. Meine Mutter steht da mit dem Bier in der einen und der Wurst in der anderen Hand. Ich kümmere mich erst einmal nicht um sie, weil ich gerade dabei bin, die Wurst zu verschlingen und die Cola zu killen. Indessen kommt die Lehrerin auf uns zu und begrüßt uns. Dann fragt sie entsetzt, wer meiner armen Mutter das Bier und die Wurst gegeben hätte? Schließlich seien wir ja Muslime und dürften kein Schweinefleisch essen und kein Bier trinken. Meine Mutter ist in der Zwickmühle, denn da kommt schon wieder der Islam daher. Das Bier kann sie wegen der Antibiotika tatsächlich nicht trinken. Aber in die Wurst beißt sie rein. Die Lehrerin ist irritiert und gibt zu bedenken, dass sie das als Muslimin nicht dürfe. Daraufhin isst sie erst recht die gesamte Wurst auf und nimmt auch noch einen Schluck Bier. Das Weltbild meiner Lehrerin bricht zusammen, entsetzt wendet sie sich einer anderen Mutter zu. Meine Mutter fragt mich nach den Toiletten. Dort muss sie sich übergeben, da sie kein Schweinefleisch mag. Als wir nach Hause kommen, ärgert sich mein Vater, dass er nicht mitgekommen ist: Er liebt Bratwurst und hat auch nichts gegen ein Bierchen einzuwenden. Meine Eltern beschließen, dass er beim nächsten Schulfest dabei sein wird. Er freut sich schon ein Jahr im Voraus auf seine Gratiswurst und sein Bier!

Mit 45 Jahren das Lesen und Schreiben lernen und Arztromane mit Bildungsauftrag

Meine Mutter ist eine starke und durchorganisierte Frau. Sie hat in Deutschland nicht nur zwei Jobs, sondern auch vier minderjährige Kinder und einen Mann zu versorgen. Weil sie das älteste Kind in ihrer Familie war und es damals in unserem Dorf keine Grundschule gab, hat sie keine Schule besucht. Sie musste die jüngeren Geschwister versorgen und kann weder lesen noch schreiben. Rechnen kann sie aber gut, nicht zuletzt weil sie das Taschengeld für uns Kinder und für meinen Vater verteilt. Siebenstellige Zahlen machen ihr gar keine Probleme. Aber es ärgert sie, dass sie nicht lesen und schreiben kann. Früher in der Türkei musste sie bei Behörden die offiziellen Dokumente mit ihrem Fingerabdruck abzeichnen. Das empfindet sie als Beleg dafür, weniger wert zu sein. Wir sind sehr motiviert, meiner Mutter das Lesen und Schreiben zu vermitteln, um ihr diese Frustration zu nehmen. Mit Hingabe versuchen wir, ihr das Nötigste beizubringen, scheitern aber. Sie meint immer, dass sie sich nicht konzentrieren könne und schnell müde werde. Kein Wunder, bei zwei Jobs und vier Kindern! Außerdem sei sie mit 45 Jahren zu alt. Einen Teilerfolg erzielen wir dennoch: Wir bringen ihr bei, mit ihrem Namen zu unterschreiben, damit sie bei den Behörden nicht auffällt. Wie sie den Stift hält, ist zwar auffällig, aber die Unterschrift bekommt sie nach kurzer Zeit perfekt hin.

Ich frage mich, wie meine Mutter den Alltag bei der Druckerei schafft, ohne lesen und schreiben zu können. Sie arbeitet öfters als Springerin, d.h. sie muss alle Arbeitsgriffe und -prozesse kennen und springt ein, wenn jemand krank ist, eine Pause einlegt oder auf die Toilette muss. Springer sorgen auch dafür, dass auf Bestellung Getränke bereitgestellt werden. In ihrer Firma weiß niemand, dass sie Analphabetin ist. Weil sie sich dafür schämt, sagt sie, dass sie lediglich in deutscher Sprache nicht lesen und schreiben kann. Da sie alle Zahlen lesen kann, fällt es den Kolleginnen und Kollegen und Vorgesetzten nicht auf. Wenn zehn Personen unterschiedliche Getränke bestellen, kann sie sich das nicht notieren. Sie merkt sich alle Bestellungen, bringt die Getränke und gibt allen das passende Wechselgeld zurück. Wenn jemand sie fragt, warum sie sich die Namen und die Beträge nicht notiert, antwortet sie „Ich mache Gehirnübung". Weil sie bei den Getränken und dem Wechselgeld keine Fehler macht, sind alle zufrieden und sie fliegt nicht auf.

Die Arbeit bei der Druckerei hat aber auch Nachteile für uns Kinder. Meine Mutter bringt regelmäßig Zeitschriften und Hefte mit nach Hause, damit wir sie lesen. Schließlich sollen wir unsere Deutschkenntnisse ausbauen, um in der Schule besser voranzukommen. Niemand, nicht einmal meine Bücherwurm-Schwester, zeigt Interesse an der Lektüre. Anfangs ist meine Mutter enttäuscht, später irritiert und schließlich richtig sauer: Sie schleppt die ganzen Hefte mit nach Hause und die Bildungsverweigerer zeigen keinerlei Interesse! Unser Problem ist, dass meine Mutter bei einer Druckerei arbeitet, die sich auf Arztromane spezialisiert hat. Also auf Groschenromane, die viel mit Herz und Schmerz zu tun haben. Schließlich erklären wir meiner Mutter, dass es in diesen Heften viel um Liebe, Leidenschaft und sogar um Sexualität geht. Sie läuft rot an und verspricht uns, nie wieder welche mit nach Hause zu bringen. Die Sache mit der Sexualität ist vielleicht etwas übertrieben. Aber bei meiner Mutter zeigt sie Wirkung.

Gewalt in der Schule: Hat man früher aufgehört, wenn einer am Boden lag?

Gewalt spielt in der Schule eine große Rolle, vor allem an der Hauptschule. Einer meiner Forschungsschwerpunkte als Professor an der Hochschule ist die Gewaltanwendung im Jugendalter, vor allem unter Jugendlichen mit Migrationshintergrund. Bei jedem Vortrag zu diesem Thema weisen die Diskussionsteilnehmer darauf hin, dass die Jugendlichen schlimmer und verrohter geworden seien und die Gewalt stetig steige. Außerdem hätte man früher aufgehört, wenn einer am Boden lag. Das sei heute nicht mehr der Fall. Zwar gibt es wissenschaftliche Erkenntnisse, die das widerlegen, tatsächlich ist Jugendgewalt eher leicht rückläufig. Aber gegen emotional aufgeladene, subjektive Wahrnehmungen kann man als Wissenschaftler nicht mit Zahlen und Fakten argumentieren. Auch die Behauptung, früher habe man aufgehört zu schlagen, wenn einer am Boden lag, kann wissenschaftlich entkräftet werden. Das habe ich hier allerdings gar nicht vor.

An unserer Hauptschule, die nicht in einem sogenannten Brennpunkt liegt, ist Gewalt ein Dauerthema. Verabredungen zu Schlägereien wegen Nichtigkeiten vor oder außerhalb der Schule sind nicht die Ausnahme, sondern die Regel. Ein falscher Blick oder ein falsches Wort reicht schon aus, um eine Schlägerei anzuzetteln. Ich habe ab der siebten Klasse einen ständigen persönlichen Begleiter, der mich ohne Grund anpöbelt. Ich nenne ihn hier Horst. Er ist ziemlich groß, für sein Alter sehr dick, hat rote Backen und riecht sehr schlecht. Er begrüßt mich jeden Morgen mit einem Schlag in den Nacken, und wenn ich dann ein Wort sage, tritt er mir mit dem Fuß in die Fersen. Ich bin ihm körperlich unterlegen, mindestens zwei Köpfe kleiner und dünn – nicht umsonst ist mein Spitzname in der Schule Bohnenstange. Also ist es wenig erfolgversprechend, sich gegen ihn zur Wehr zu setzen. Meine Passivität ermuntert ihn, seine Gewaltspiele weiter auszubauen. Vor allem, wenn

Mädchen dabei sind, ist die Fettwanze Horst noch brutaler. Dann begrüßt er mich beispielsweise mit „Na, du Knoblauchfresser, alles paletti bei dir?“, und haut mir mit der Hand auf den Kopf. Wenn ich dann den Mund aufmache, sagt er „Halt deine Türkenfresse!“, dazu gibt es einen weiteren Schlag auf den Kopf. Ich weiß nicht, wie dieses Verhalten bei den Mädchen ankommt. Ich weiß nur, dass Horst übertreibt, wenn welche in Sichtweite sind. Außerdem habe ich das Gefühl, dass die Mädchen mich bemitleiden, weil ich mich nicht wehren kann. Die anderen Jungs in der Klasse finden es cool, wie Horst mich quält. Es wird sogar darüber spekuliert, was er sich als Nächstes ausdenken wird. Meine Möglichkeiten sind begrenzt, weil mir niemand hilft. Hilfe bei Lehrkräften zu holen ist kontraproduktiv, weil Horst keine echten Konsequenzen drohen. Er entschuldigt sich in Anwesenheit der Lehrpersonen und schlägt im nächsten unbeobachteten Moment wieder zu. Allmählich wird die Situation aber untragbar und es muss sich etwas ändern. Hilfe holen ist keine Option, also muss ich selbst Gewalt anwenden, was ich bis dahin niemals gemacht habe. Die Frage ist: Was kann ich überhaupt gegen diesen hünenhaften Schrank ausrichten? Er wird mich klein hacken, wenn ich mich vor ihn stelle. Ich beschließe trotzdem, aktiv zu werden.

Eines Tages sehe ich, wie sich Horst, an die Tischtennisplatte gelehnt, mit drei Mädchen unterhält. Mit seiner breiten Präsenz hindert er andere daran, Tischtennis zu spielen, aber keiner traut sich, etwas zu sagen. Ich sammle meinen Mut zusammen, remple Horst von hinten an, packe ihn am Kragen und drücke seinen Kopf auf die Tischtennisplatte. Von dieser Aktion ist er sichtlich überrumpelt. Ich nutze seine momentane Paralyse aus und schreie ihm ins Gesicht, dass ich ihn mit meinen fünf Brüdern fertigmachen würde, wenn er mich in Zukunft nicht in Ruhe ließe. Horst stammelt nur vor sich hin und verspricht, dass er mich nicht mehr anfassen werde. Ich solle ihn doch endlich loslassen. Ich lasse schließlich von ihm ab, denn ich möchte vermeiden, dass er mein Herzklopfen hört. Er sagt nicht mehr viel, außer dass er nicht gewusst habe, dass ich fünf

Brüder habe. Horst muss ja nicht die ganze Wahrheit kennen. In Zukunft lässt er mich in der Tat in Ruhe.

Abgesehen von dieser Aktion mit Horst bin ich in meiner gesamten Hauptschulzeit nicht in körperliche Auseinandersetzungen involviert, weil ich solche Situationen bewusst vermeide und niemanden provoziere. Aber Gewalt vor der Schule ist alltäglich, man sieht und beobachtet sie immer wieder, auch wenn man damit nichts zu tun haben möchte. Als wir an einem Sommertag nach der Schule auf unseren Bus warten, greifen fünf Jugendliche drei andere an. Sie hatten in der Pause anscheinend einen Konflikt, den sie nicht lösen konnten. Das wollen sie nach der Schule wie „richtige Kerle" klären – das heißt, hier werden Fäuste sprechen. Ohne Vorwarnung tritt einer aus der Fünfergruppe einen aus der anderen Gruppe mit dem Fuß ins Gesicht. Der geht zwar kurz zu Boden, steht aber schnell wieder auf. Dann bekommt er einen Faustschlag ins Gesicht. Zwischen den acht Jugendlichen entsteht eine regelrechte Massenschlägerei, bei der offenbar alles erlaubt ist: von hinten schlagen, gegen den Kopf und ins Gesicht treten, spucken, beißen und kratzen. Schließlich laufen zwei Jugendliche aus der Dreiergruppe weg. Der Letzte von ihnen bleibt auf dem Boden liegen und wehrt sich nicht mehr. Während einer den Wehrlosen mit Tritten und Faustschlägen traktiert, feuern ihn die anderen an. Sie fordern immer wieder, dass er auf den Kopf schlagen soll, weil es an dieser Stelle besonders schmerzhaft ist. Niemand kommt auf die Idee, die Polizei zu rufen. Auch die Erwachsenen, die die Schlägerei von den umliegenden Häusern aus beobachten, winken nur ab. Einer sagt: „Ja, typisch Jungs. Haben wir auch gemacht." Ich bin entsetzt und eingeschüchtert, weil ich diese Form von Brutalität zum ersten Mal live miterlebe. Bisher kannte ich solche Schlägereien nur aus Erzählungen, wenn Mitschüler nach einer Schlägerei auf dem Pausenhof damit prahlten.

3

Integration ins soziale Leben – oder: Wie man ohne Lesen und Schreiben in der Arbeitswelt überlebt

Ich komme mit zehn Jahren nach Deutschland und muss quasi mein Leben neu beginnen. Auf einmal lebe ich mit meinen Eltern und Geschwistern unter einem Dach. Was für die meisten eine Selbstverständlichkeit ist, ist für mich neu und gewöhnungsbedürftig. Außerdem muss ich viele Dinge lernen, die andere Kinder schon längst können, wie z. B. Fahrradfahren, Schwimmen, Schlittschuhlaufen etc. Vor allem das Fahrradfahren interessiert mich: Weder auf dem Land noch in der Großstadt habe ich in der Türkei Radfahrer gesehen, aber in Deutschland sind alle damit unterwegs. Ich frage mich, wie man auf nur zwei Rädern das Gleichgewicht halten kann.

Was man mit fünf nicht kann, muss man mit zehn lernen

Als ich mit zehn Jahren zum ersten Mal deutschen Boden betrete, lerne ich buchstäblich eine andere Welt kennen. Nicht nur sehen Land und Leute anders aus, sondern fast alles ist anders hier. Es gibt Dinge, die ich zum ersten Mal sehe: z.B. Rollschuhe oder eben Fahrräder. In Deutschland ist es für Kinder und für viele Erwachsene ein Alltagsvehikel. Vielleicht ist es der chaotischen Verkehrslage in der Türkei geschuldet, dass sich niemand traut, mit dem Fahrrad zu fahren. Man ist schließlich nicht lebensmüde. In Deutschland fließt der Verkehr geregelter, es gibt sehr viele Parks und Grünanlagen und kilometerlange

Radwege. Außerdem ist Köln eine Stadt, die kaum Hügel hat. Schon bald wünsche ich mir, Radfahren zu lernen – aber wie? Leider besitze ich kein Fahrrad. Mein Vater arbeitet zwar bei den Ford-Werken, meine Mutter bei einer Druckerei. Das heißt aber nicht, dass wir Kinder alles bekommen können, was wir uns wünschen. Anfang der 1980er-Jahre kostet ein neues, einfaches Fahrrad zwischen 200 und 300 DM, für eine sechsköpfige Arbeiterfamilie eine enorme Summe. Dass man Fahrräder auch gebraucht kaufen kann, kommt mir zwar in den Sinn. Aber mein stolzer Vater lehnt so etwas kategorisch ab. Zu seinen Prinzipien gehört es, nicht auf alte, abgelegte Dinge anderer angewiesen zu sein: entweder neu oder gar nicht.

In diesem Fall ist es von Vorteil, dass ich nicht in der Nähe der Schule wohne. Denn die Kinder erzählen immer wieder, wo sie überall mit dem Fahrrad waren. Wenn ich gefragt werde, ob ich auch mit dem Fahrrad unterwegs war, sage ich selbstverständlich ja. Die Lüge fliegt nicht auf, weil keiner sie überprüfen kann. Außerdem ist es gut, dass niemand mich auffordert, mit dem Fahrrad zur Schule zu kommen. In den 1980ern ist das noch nicht so verbreitet. Die wenigen, die mit dem Rad kommen, wollen nicht, dass jemand ihr Fahrrad berührt. Allein es anzusehen kann zu einer Schlägerei führen. Vor allem die tiefergelegten BMX-Räder sind in diesen Jahren sehr beliebt. Und besonders teuer sind sie auch – sozusagen die Porsches unter den Fahrrädern. Oder Fahrräder für Angeber?

Mein erstes Fahrrad bekomme ich Mitte 1982. Inzwischen kann ich schon ziemlich gut Rad fahren. Die langen Sommertage verbringen wir in dem nahegelegenen Park. Heute undenkbar, aber damals war die Gegend um den Ebertplatz, das Agnesviertel und den Hansaring das sogenannte Ausländerviertel. Der Park ist voller Menschen, die nur Türkisch sprechen, man begegnet kaum Deutschen. Deshalb wird dieser Park als „Türkenpark" bezeichnet. Auch in unserem Haus wohnen fast nur Menschen aus der Türkei. Nur im Erdgeschoss wohnen zwei Deutsche, vor denen wir Angst haben: Sie haben zwei riesige Hunde, trinken regelmäßig Bier und randalieren in der Nacht. Im Türkenpark wird am Wochenende gegrillt, gespielt, Rad gefahren und getobt. Es gibt viele türkische Kinder, die sicher auf dem Rad unterwegs sind. Einen Vorteil hat der Türkenpark dann doch. Hier kann man zwar kein Deutsch lernen, aber dafür kann man alle Kinder fragen, ob man ihr Fahrrad ausprobieren darf, ohne dafür böse angeschaut zu werden. Und wenn ein Kind das doch mal ablehnt, dann kommt sein Vater und sorgt dafür, dass es klappt. Mein Abi hat bereits Freundschaften mit größeren türkischen Jungs geschlossen und fährt wie selbstverständlich Fahrrad. Im Vergleich zu uns drei Jüngeren hat er mehr Freiheiten, was seine Freizeitaktivitäten betrifft. Er trifft sich oft mit anderen Jungs und lernt so relativ bald schwimmen und Fahrrad fahren. Meine Schwester hat Angst vor dem Wasser und zeigt kein Interesse am Fahrrad. „Made in Germany" ist für all diese Dinge mit seinen vier, fünf Jahren für damalige Verhältnisse noch zu jung. Ich aber lerne durch die anderen türkischen Kinder und mit Hilfe meines älteren Bruders langsam, aber sicher Radfahren. Damals gab es noch Stützräder, aber das ist für einen Zehnjährigen uncool – lieber falle ich zehn Mal hin und breche mir dabei sämtliche Knochen.

Spätestens im Sommer 1981 denke ich, dass ich ein guter Radfahrer bin. Ich kann einhändig fahren, was unter Kindern von großer Bedeutung ist, oder auch Slalom. Ich beherrsche mittlerweile einige Angebertricks, die ich vorführe, wenn Mädchen in der Nähe sind. Eines Tages bin ich mal wieder mit dem Rad eines Nachbarkindes im Türkenpark unterwegs. Aber entweder sind die Bremsen nicht gut oder mir fehlt doch noch ein wenig die Übung... Ich umrunde den Park mit dem Rad und dabei kommt es darauf an, so nah wie möglich an den Menschen vorbeizufahren und erst in letzter Sekunde auszuweichen. Vor allem in der Nähe des Spielplatzes ist viel los und hier kann man das Slalomfahren genüsslich vorführen. Auf einmal merke ich, dass ich nicht bremsen kann. Auf dem Spielplatz sind viel zu viele Kinder, die ich nicht gefährden möchte.

Also weiche ich einfach auf die Wiese aus, bekomme aber Panik, weil auch dort viele Menschen sind. Um anzuhalten, fahre ich in eine der weißen kleinen Mülltonnen rein, die damals überall herumstanden. Zwar bin ich erleichtert, dass ich ohne größere Verletzungen auf dem Boden liege. Aber diese weiße Mülltonne schreit wie am Spieß. Leider habe ich in meiner Panik eine türkische Frau mit weißem Oberteil und weißem Kopftuch für eine dieser weißen Tonnen gehalten. Sie hatte sich gerade gebückt, um die Reste des Picknicks aufzuräumen. Und ich fahre bewusst in sie rein, um zu bremsen. Bereits damals hätte ich begreifen müssen, dass ich kurzsichtig bin. Die Frau schreit, flucht und schimpft. Alle kommen ihr zur Hilfe, aber sie kann nicht aufstehen. 20 Minuten später kommt ein Krankenwagen, der sie ins Krankenhaus transportiert. Ich bin kreideweiß und sorge mich nicht nur um die Frau, sondern habe Angst davor, meinem Vater zu begegnen. Die Frau ist im Krankenhaus sicher in guten Händen – aber was passiert mit mir? Entgegen meiner Befürchtung ist mein Vater vergleichsweise entspannt. Er sagt, dass er die Frau kenne und mit meiner Mutter schon im Krankenhaus gewesen sei. Die Frau habe bewusst eine Welle gemacht, um Schmerzensgeld von uns zu bekommen. Sie hätten sich bereits auf eine Summe geeinigt und sie könne das Krankenhaus morgen verlassen. Ich komme zwar glimpflich davon, aber mein Weltbild hat ernstlichen Schaden genommen. Ich mache mir Sorgen, dass ich den Rücken der Frau ruiniert habe, und sie lässt sich theatralisch ins Krankenhaus einliefern, um Schmerzensgeld zu kassieren. Später bekomme ich mit, dass meine Eltern ihr 500 DM gegeben haben. Unglaublich! Damit könnte man zwei normale Fahrräder oder wahlweise ein BMX-Rad kaufen.

Schwimmunterricht gibt es in unserer Schule erst ab der siebten Klasse, und das auch nur, wenn der zuständige Sportlehrer es für sinnvoll erachtet. Unser Sportlehrer tut das nicht; wahrscheinlich weil das Schwimmbad etwas weiter weg ist. In den türkischen Vorbereitungsklassen ist dieses Fach erst gar nicht vorgesehen. In der Schule meiner Schwester ist der Schwimmunterricht verbindlich, aber sie geht nur selten hin. Sie sagt, dass sie Angst vor dem Wasser habe. Das ist aber nicht der wahre Grund. Tatsächlich findet sie sich zu dick und möchte nicht von den Mädchen gemobbt und von den Jungs verachtet werden.

Im Vergleich zum Radfahren ist schwimmen lernen zwar komplizierter, aber dafür kostengünstiger. Eine einmalige Investition in eine Badehose kostet ca. sieben bis zehn DM und der Eintritt in ein Hallenbad kostet für Schülerinnen und Schüler weniger als zwei DM. Da meine Schwester Angst vor dem Wasser hat und „Made in Germany“ zu jung ist, gehe ich mit meinem älteren Bruder im Winter in das Hallenbad am Neumarkt und im Sommer in das Freibad am Eisstadion. In beiden gibt es kaum Türken. Türkisch sprechende Mädchen und Frauen sind die absolute Ausnahme. Wo es nackte Haut zu besichtigen gibt, sehen wir nur einheimische Deutsche. Wie soll ich aber jetzt schwimmen lernen? Leider gibt es keine türkischen Kinder und Jugendlichen, an denen ich mich orientieren kann. Es gibt in diesem Hallenbad drei Becken: ein Schwimmerbecken, ein Sprungbecken und ein Becken für Nichtschwimmer. Sprung- und Schwimmerbecken sind für mich anfangs No-go-Areas. Ich orientiere mich in Richtung Nichtschwimmerbecken und sehe sofort einen türkischen Jungen, der auch nicht schwimmen kann. Wenn man im Schwimmbad doch einmal türkischen Kindern begegnet, dann im Nichtschwimmerbecken. Alle sitzen eingeschüchtert herum und trauen sich nicht, sich im Wasser zu bewegen. Mein Bruder meidet dieses Becken, weil er – warum auch immer – bereits schwimmen kann. Auch ist weit und breit kein Bademeister zu sehen. Wenn sich das nicht rächt! Wie alle anderen setze auch ich mich eingeschüchtert ins Wasser. Vom anderen Becken schauen blonde Jungs herüber und lachen uns aus, wie wir da wie die Hühner sitzen, als wollten wir Eier legen. Ein paar Tage lassen wir uns das Gelächter der blonden Kinder gefallen. Aber dann beschließe ich gemeinsam mit einem türkischen Jungen, etwas mutiger zu werden. Ich stehe auf, möchte mich ins Wasser stürzen, rutsche dabei aber aus und lande unkontrolliert kopfüber im Wasser. Ich bekomme keine Luft und schlucke versehentlich viel von dem Chlorwasser-Pipi-Gemisch. Das Ganze spielt sich nicht im Fünfmeterbecken ab, sondern in 80 cm Wassertiefe. Der andere Junge holt schnell den Bademeister. Aber bis der da ist, rette ich mich selbst. Beinahe wäre ich in einem Nichtschwimmerbecken ertrunken. Diese Aktion verschweige ich meinem Bruder und meinen Eltern lieber, sonst dürfte ich nicht mehr mit ins Schwimmbad. Außerdem: Wer soll mir das glauben?

Irgendwie lerne ich im Laufe der Jahre ohne Schwimmunterricht oder Unterstützung durch Dritte das Schwimmen. Tauchen und Sprünge vom Brett machen mir besonders viel Spaß. Aber immer wenn ich kraule, beobachtet mich der Bademeister kritisch. Denn er ist sich nicht ganz sicher, ob ich lebend am anderen Ende des Beckens ankomme. Zwar komme ich sehr gut voran, aber mein Schwimmstil scheint sehr frei zu sein. Bis heute ist es so, dass mich die Bademeister zunächst skeptisch beobachten, wenn ich in einem Schwimmbad neu bin.

Das Leben auf 70 qm ohne Badewanne

Nach außen scheinen wir uns allmählich gut zu integrieren. Wir können zwar nicht an allen Ereignissen teilnehmen. Aber Dinge, die für uns altersgemäß und wichtig sind, beherrschen wir gut. Mein Bruder und ich spielen später im Verein Fußball. Ich bin so gut darin, dass ich ab der siebten Klasse als eines von zwei ausländischen Kindern in der Schülermannschaft mitkicken darf. Auch im Tischtennis mache ich eine gute Figur. Diese Sportart scheint aber unpopulär zu sein.

Wir wohnen in einer unrenovierten Altbauwohnung mit drei Zimmern, einer Küche und einer Toilette. Eine Badewanne oder ein Bad gibt es nicht. Meine Eltern sind glücklich, diese Wohnung gefunden zu haben. Vorher bewohnten sie eine viel kleinere Wohnung mit einer Etagentoilette, die sie mit zwei

Nachbarn teilen mussten. Leider ist die Miete relativ hoch. Die Wohnung ist so aufgeteilt, dass meine Eltern ein Schlafzimmer haben, wir drei jüngeren Kinder unsere Betten im sogenannten Kinderzimmer haben und mein Bruder im Wohn- bzw. Gästezimmer schläft. Für damalige Verhältnisse haben wir es ganz gut, viele Verwandte und Bekannte leben noch beengter. Wir haben zwar zu dritt ein Kinderzimmer, aber es ist nicht wie ein Kinderzimmer eingerichtet. Wir schlafen auf aufklappbaren Sofas und hier steht auch der Fernseher. Der Konflikt ist vorprogrammiert: Die Erwachsenen, mein großer Bruder und am Wochenende auch Gäste und Verwandte wollen abends fernsehen, wenn wir schon schlafen sollen. Wir schlagen vor, den Fernseher im Zimmer meines Bruders aufzustellen, scheitern aber an der technischen Ausstattung. Denn der einzige Antennenanschluss befindet sich in unserem Zimmer. Während mein Bruder fernsieht, schlafe ich meistens nicht ein. Es ist nicht nur laut, ich bin natürlich auch neugierig. Oft stelle ich mich einfach schlafend und bekomme am nächsten Tag Ärger, weil ich morgens nicht aus dem Bett komme. Wegen der dauernden Müdigkeit fällt es mir schwer, mich in der Schule zu konzentrieren. An Intimsphäre oder an einen eigenen Schreibtisch ist gar nicht zu denken. Unsere Hausaufgaben erledigen wir am Küchentisch, während meine Mutter das Abendessen vorbereitet. Konzentriertes Arbeiten geht anders. Zum Duschen gehe ich meistens ins Schwimmbad, damit mir meine Mutter kein Wasser für das wöchentliche Baden warm machen muss.

Ob es ein Schock ist oder die Erlösung, kann ich Anfang des Jahres 1983 noch nicht einschätzen. Aber meine Eltern erklären uns, dass wir umziehen müssen. Das Haus wird verkauft und der neue Eigentümer möchte das Haus komplett renovieren. Ich hoffe, dass meine Eltern eine schickere Wohnung mit einem Bad nehmen. Schließlich zahlt der neue Eigentümer jedem Mieter 20.000 DM Abfindung. Meine Eltern finden auf der anderen Seite des Ebertplatzes schnell eine neue Wohnung, doch von Verbesserung kann keine Rede sein. Die neue Wohnung hat nur zwei Zimmer, eine große Küche, eine Toilette, aber kein

Bad. Meine Eltern trösten uns damit, dass es in der großen Küche eine Badewanne mit fließend warmem Wasser gibt. Im Vergleich zu unserem Dorf, der Kreisstadt oder Kayseri ist das sicherlich eine Verbesserung. Aber schön und angenehm ist es trotzdem nicht. Das fehlende Zimmer wird dadurch kompensiert, dass mein älterer Bruder beschließt, in die Türkei zurückzukehren. Ob es daran liegt, dass wir in eine kleinere Wohnung einziehen oder dass er die neunte Klasse der Hauptschule abschließt und in Deutschland keine schulische oder berufliche Perspektive sieht, bleibt offen. Vielleicht spielt beides eine Rolle. Meine Eltern betonen immer wieder, dass wir nicht lange bleiben werden, sondern bald für immer in die Türkei zurückkehren wollen. Mein Bruder fahre schon mal vor. Diese 20.000 DM würden sie in ein besseres Leben in der Türkei investieren. Mit dieser Aussicht sehen sie keinen Sinn darin, viel Geld für die Miete in Köln auszugeben. Wir nehmen das notgedrungen hin, auch weil wir kaum Einfluss auf die Entscheidungen meiner Eltern haben.

Im Frühjahr 1983 ziehen wir aus der Clever Straße zum Neusser Platz, direkt neben der Agnes-Kirche. Wir verschlechtern uns von 70 auf 58 qm und verfügen jetzt über eine Badewanne. Zwei Monate später fahren wir in die Türkei und kehren ohne meinen älteren Bruder, der 13 Jahre lang nicht nur mein Begleiter und Ersatzvater war, sondern auch mein Ansprechpartner und Freund, zurück. Mit wem soll ich jetzt Fahrrad fahren, schwimmen gehen oder Tischtennis spielen? „Made in Germany" ist zu klein, die Interessen meiner Schwester sind andere – sie ist damit beschäftigt, Bücher zu lesen und verliebt zu sein. Und mit den zwei älteren Schwestern habe ich im Alltag nichts zu tun, weil sie woanders wohnen. Ich falle in ein Loch. Warum ist er bloß zurück in die Türkei, wenn es hier so schön ist?

Das soziale Leben und die Integration in die deutsche Gesellschaft

Zum Thema Integration werden ich mich später ausführlich äußern. Dass meine Eltern keine größere Wohnung nehmen, mit der Begründung, dass sie ohnehin zurückkehren würden, spricht nicht unbedingt für eine bessere soziale Integration. Außerdem bleiben wir im selben Viertel. Das Agnesviertel ist Ende der 1970er- und in den 1980er-Jahren als Ausländer- bzw. Türkenviertel bei autochthonen Deutschen verschrien. Und wir ziehen innerhalb des Viertels um.

Im alten Haus sind, bis auf eine Mietpartei, alle Bewohnerinnen und Bewohner aus der Türkei. Die Nachbarn besuchen sich gegenseitig, viele sind miteinander befreundet. Die Erstsprache im Haus ist selbstverständlich Türkisch. Von den Deutschen wissen wir nur, dass da ein Pärchen wohnt, das viel Bier trinkt und mit großen Hunden spazieren geht. Außer höfliches Grüßen, das aber nicht erwidert wird, haben wir keinen Kontakt zu diesem Paar. Im Haus spricht man kein Deutsch und Deutsche sind Mangelware. Wie ist es draußen? Auch hier ein ähnliches Bild. Auf der Straße und vor allem im gegenüberliegenden Park wird ausschließlich Türkisch gesprochen. Deutsche Kinder oder Jugendliche, mit denen ich Fußball spielen könnte, begegne ich hier sehr selten. Wenn wir welche sehen, wollen sie mit uns nicht spielen. Später erfahre ich, dass die deutschen Kinder nicht einfach im Park Fußball spielen, sondern im Verein.

Auch nach dem Umzug komme ich außerhalb der Schule selten in Kontakt mit deutschen Kindern und Jugendlichen. In diesem Haus wohnen zwar auch deutsche Familien. Aber sie zeigen scheinbar kein Interesse an uns. Im anderen Haus konnte man einfach klingeln und sich gegenseitig besuchen. Das ist hier nicht möglich. Meine Eltern scheinen auch nicht zufrieden zu sein. Sie kennen kaum jemanden und es gibt auch nur eine türkische Familie. Die Frau trägt aber ein Kopftuch und sie misstrauen uns, weil weder meine Mutter noch meine erwachsenen Schwestern Kopftuch tragen. Draußen auf dem Ebertplatz ein gewohntes Bild und eine vertraue Sprache: fast nur Türkeistämmige, die selbstverständlich Türkisch sprechen. Es gibt keine Möglichkeit, mit Einheimischen in Kontakt zu kommen.

Im Quartier ist es also faktisch unmöglich, Kontakt zu Deutschen aufzubauen, um die Kultur kennenzulernen bzw. die Sprache weiterzuentwickeln. Ich habe zwar in der Schule ein gutes Verhältnis zu deutschen Kindern. Da ich aber weit weg wohne, kommt ein Treffen außerhalb der Schule nicht in Frage. Ich weiß aus Erzählungen, dass die Kinder sich nach der Schule zum Fußball oder Tischtennis treffen. Ich kann mich nicht daran erinnern, dass in der Klasse zum Geburtstag eingeladen wurde, was heutzutage unter Kindern und Jugendlichen sehr üblich ist. Ich habe zumindest keine Einladung erhalten. Aber ich habe selber auch niemanden eingeladen: vielleicht liegt es ja daran. In unserer Familie werden Geburtstage nicht gefiert. Bei den meisten weiß man nicht wirklich, wann sie geboren wurden. Außer im Unterricht und in Pausen gibt es keine Möglichkeit, sich mit deutschen Kindern auszutauschen oder zu toben. Nach einigen Jahren merke ich, dass ich auch in der Schule meistens mit türkischsprechenden Jungen rumhänge. Mein bester Freund in der Schule heißt ebenso Ahmet.

In der Familie ein ähnliches Bild. Unter der Woche steht naturgemäß die Schule bzw. Arbeit im Mittelpunkt. Die Freizeitaktivität besteht darin, in den Park zu gehen und mit anderen Kindern zu kicken. Dafür muss man sich nicht einmal verabreden. Irgendwelche Kinder kommen immer in den Park, einen Ball lässt sich auch immer finden. An den Wochenenden haben wir meistens Besuch. Verwandte, Onkeln und Tanten, die ich nicht kenne, kommen zu uns oder wir gehen zu ihnen. Oder wir gehen auf große türkisch-kurdische Hochzeiten. Da wird immer heiß diskutiert, wer wem wieviel Geld oder Gold geschenkt hat. Denn die Geld- und Goldgeschenke werden über Mikrophon aufgesagt, damit es auch alle mitbekommen. Druck durch das Kollektiv ist auch auf Hochzeiten bei Schenkungen allgegenwertig.

Auch im privaten Bereich komme ich nicht in Kontakt mit Einheimischen. Im Grunde habe ich Kontakt mit der deutschen Außenwelt nur dann, wenn ich im Unterricht bin oder einkaufen gehe. Ich habe nie gesehen, dass meine Geschwister, meine Eltern oder ich deutsche Freunde oder Bekannte bei uns zu Hause begrüßt haben. Es gleicht eigentlich einem Wunder, dass wir überhaupt die deutsche Sprache einigermaßen beherrschen.

Im privaten Kontext habe ich lediglich einmal eine deutsche Familie gesehen. Meine verheiratete Schwester und ihr Mann sind mit einer deutschen Familie befreundet. Die beiden Männer sind Kollegen und freunden sich an. Gegenseitige Besuche scheinen üblich zu sein. Ich lerne das deutsche Paar kennen, als ich bei meiner Schwester bin. Ich glaube, sie hat uns bewusst zu sich geholt, damit wir mal eine normale deutsche Familie kennenlernen. Die Familie ist sehr freundlich. Die beiden Männer, mein Schwager und sein deutscher Freund, sind sich optisch sehr ähnlich: groß, schlank, lockige Haare und Schnauzbart. Nur der eine blond, der andere dunkel. Sie scheinen auch den gleichen Humor zu haben: Sie lachen über die gleichen flachen Witze und unqualifizierten Bemerkungen. Mit dieser Familie sind meine Schwester und mein Schwager immer noch befreundet.

Integration funktioniert nicht – mein Bruder geht auf eigenen Wunsch zurück in die Türkei, meine Schwester muss

Mein vier Jahre älterer Bruder geht auf eigenen Wunsch, nach der Beendigung der neunten Klasse, im Sommer 1983 zurück in die Türkei. Warum er diesen Weg geht, verstehen wir jüngeren

Geschwister nicht, doch hat seine Entscheidung Auswirkungen auf meinen Lebensweg und den meiner Schwester. Nach dem Militärputsch vom 12.09.1980 scheint sich die politische, wirtschaftliche und soziale Lage in der Türkei stabilisiert zu haben. Straßenkämpfe und Schießereien auf offener Straße gibt es nicht mehr, seit das Militär die Regierung stellt. Mein Bruder geht nicht in unsere Heimatstadt Kayseri, sondern nach Ankara. Dort studieren mein Onkel, dem ich vor Jahren Kurdisch beibrachte, und meine Tante, die beide nicht viel älter sind als mein Bruder. Da das türkische Schulsystem nicht gegliedert, sondern linear aufgebaut ist, kann er gleich in der neunten Klasse des Gymnasiums beginnen. Er wird ein Jahr zurückgestuft, weil er in Deutschland die Hauptschule besucht hat. Nach der elften Klasse kann er das Abitur erwerben.

Offenbar haben wir vergessen, meinen Bruder von der Schule in Deutschland abzumelden. Denn eine Woche nach Schulbeginn kommt sein Klassenlehrer auf mich zu und erkundigt sich, wo er bleibe. Ich erzähle ihm, dass er in der Türkei sei und dort zur Schule gehe. Der Lehrer ist sprachlos - er hört davon zum ersten Mal. Dann faltet er mich zusammen: Warum er die Schule nicht hier beenden würde? Er sei schließlich sein bester Schüler gewesen. Er hätte nach der zehnten Klasse die Realschule machen können und Fachabitur und so weiter und so fort. Ich finde es wunderbar, dass der Lehrer viel von meinem Bruder hält. Und ich höre zum ersten Mal einen Lehrer positiv über ein türkisches Kind sprechen. Aber warum bekomme ich jetzt den Anschiss? Schließlich leide ich am intensivsten darunter, dass mein Bruder weg ist. Ich frage leicht eingeschüchtert nach (er ist sehr groß und übergewichtig), ob er all diese Dinge meinem Bruder mal gesagt hätte. Er grummelt, stammelt und wackelt mit dem Kopf. Also hat er es ihm nicht gesagt. Wenn mein Bruder das gewusst hätte, wäre er vielleicht hier geblieben!?

Da mein Bruder in der Türkei keinen Telefonanschluss hat, sind wir auf seine wöchentlichen Anrufe angewiesen. Er ruft immer am Sonntagnachmittag an, gibt uns eine Nummer bei der Post durch und wir rufen ihn dann zurück. Damals waren Auslandsanrufe aus der Türkei unbezahlbar. Bei unserem nächsten Gespräch berichte ich ihm, was sein Lehrer mir erzählt hat. Nachdem er ein wenig herumgedruckst hat, sagt er, dass er sich das fast gedacht hätte. Nach dem Telefonat schauen mich meine Eltern entgeistert an. Ich habe gerade meinem Bruder voller Stolz von der Anerkennung und Wertschätzung seines Lehrers berichtet und meine Eltern machen ein Gesicht, als hätte ich ihn beschimpft und beleidigt. Sie halten es für falsch, dass ich ihm davon erzähle, nachdem er sich für die Türkei entschieden hat. Das sei kein guter Stil und ich hätte besser geschwiegen. Jetzt würde er möglicherweise seine Entscheidung in Frage stellen und sich nach Deutschland zurücksehnen. Es klingt abstrus, aber so sind meine Eltern nun mal.

Später erfahre ich von meinem Bruder, dass er sich wegen schulischer und beruflicher Perspektiven für die Rückkehr in die Türkei entschieden hätte. Er habe sich in Deutschland sehr wohl gefühlt, aber leider auch das sichere Gefühl gehabt, dass sich sein Ziel, Architektur zu studieren, hier nicht würde realisieren lassen. Das deutsche Schulsystem im Allgemeinen und einige Lehrer im Besonderen hätten ihm keine Hoffnung gemacht. Als er erfährt, dass meine Tante und mein Onkel in Ankara studieren bzw. zur Schule gehen, beschließt er, diesen Weg zumindest auszuprobieren. Das türkische Schulsystem scheint ihm gerechter zu sein, weil das Abitur allen offen steht. In der Türkei wird erst nach dem Abitur selektiert, da nicht jedem Abiturienten ein Studienplatz zur Verfügung gestellt werden kann. Um ein Studium an der Universität aufnehmen zu können, muss man eine Hochschulaufnahmeprüfung bestehen. Die Durchfallquote liegt damals bei über 80 Prozent, aber keiner in der Familie zweifelt daran, dass er es schaffen wird. Eine schwere Last auf seinen Schultern.

Nach einigen Monaten gewöhne ich mich an die Abwesenheit meines Bruders. Ich spiele regelmäßig im Fußballverein und in der Schulmannschaft, freunde mich im Viertel mit anderen türkischen Kindern an und interessiere mich auch viel mehr für meine Bücherwurm-Schwester. Mir fällt aber auf, dass ich keinen einzigen deutschen Freund habe. Die deutschen Kinder, die ich kennenlerne, sind in Vogelsang, und da fährt man nicht mal eben so vorbei, nur um eine Runde Fußball zu spielen. Mein Bruder ist nur sonntags präsent oder wenn wir in den Sommerferien in der Türkei sind. Zu meinem Bedauern nehmen meine Eltern im Sommer 1984 nur „Made in Germany" mit in die Türkei. Meine Schwester und ich bleiben vier Wochen allein in Köln und dieser Sommer trägt dazu bei, dass ich mich endlich mit ihr befreunde. Die verheirateten Schwestern sollen ein Auge auf uns haben, was diese aber nicht so eng sehen. Meine Eltern geben uns genug Haushaltsgeld für die Zeit. Wir verballern innerhalb von zwei Wochen fast alles und müssen dann in der zweiten Hälfte mit 50 DM auskommen. Wir schaffen es und sind danach unzertrennlich. Wir erzählen uns alles, vor allem Geheimnisse, die meine Eltern nicht erfahren dürfen. Sie erzählt mir, dass sie in einen gewissen Hansi verliebt ist, der – aus meiner Sicht – nicht gerade eine Schönheit ist.

Kaum habe ich eine neue Vertraute und Ansprechpartnerin, schon grätschen meine Eltern wieder dazwischen. Sie regen an, dass meine Schwester meinem Bruder nach Ankara folgen soll. Meine Schwester besucht zwar nur eine Hauptschule, ist aber im Vergleich zu mir und meinem Bruder eine hervorragende Schülerin. Auf ihrem Zeugnis habe ich niemals die Note „befriedigend" gesehen, in allen Fächern hat sie Einser oder Zweier. Ich weiß, dass ihre Klassenlehrerin sehr zufrieden mit ihr ist und dass sie die Realschule mit Leichtigkeit bewältigen würde. Außerdem ist sie verliebt. Ob es aktuell noch Hansi ist, weiß ich nicht, in letzter Zeit spricht sie häufiger von einem Peter. Meine Schwester betont immer wieder, dass sie sich in Deutschland sehr wohl fühlt und die Schule, später das Studium, gut bewältigen wird. Sie findet aber bei meinen Eltern kein Gehör. Warum meine Eltern, die relativ liberal sind, meine Schwester gegen ihren Willen in die Türkei bringen, erschließt sich uns nicht. Für diese Entscheidung haben wir - meine Schwester und ich - im Nachgang zwei Thesen, die wir aber nicht beweisen können. Meine Schwester ist der Meinung, dass meine Eltern sehr patriarchalisch denken und sie in die Türkei zurückkehren musste, damit jemand für meinen Bruder kochen, putzen und aufräumen kann. Ich finde die These sehr gewagt, weil sie selbstverständlich auf das Gymnasium meines Bruders kommt und später Betriebswirtschaftslehre studiert. Ich vermute eher, dass meine Eltern befürchten, meine Schwester könne sich in einen deutschen Jungen verlieben und mit ihm durchbrennen oder schwanger werden. Vielleicht stimmen auch beide Thesen. Wir werden es nicht herausbekommen.

Busfahrt in die Türkei.
Meine Schwester muss in die Türkei - hier mit meiner Mutter

Im Sommer 1985 fahren wir – meine Eltern, meine Schwester, „Made in Germany" und ich – mit dem Bus in die Türkei. Meine Eltern haben keinen Führerschein, die Flugkosten für eine fünfköpfige Familie sind unbezahlbar. Deshalb fahren wir zwei Tage und zwei Nächte mit dem Bus von Köln über Österreich, Jugoslawien und Bulgarien nach Istanbul und von dort nach Ankara. Dort angekommen, stellen wir fest, dass in der Schüler-Studenten-Wohnung kaum noch Platz ist. Kurzerhand kaufen meine Eltern in einer Neubausiedlung eine Wohnung mit vier Zimmern, Bad (natürlich mit Badewanne) und Toilette. Sie richten die Wohnung ein und mein Onkel, meine Tante, mein Bruder und meine Schwester ziehen dort ein. Diese vier haben es in Ankara definitiv besser als wir in Köln. Aber meine Schwester ist trotzdem nicht begeistert. Sie möchte zurück nach Deutschland und ist sehr traurig und niedergeschlagen. Sechs Wochen nach unserer Ankunft in Ankara fahre ich mit meinen Eltern und „Made in Germany" zurück nach Köln. Schon die Busfahrt durch halb Europa erscheint mir wie die Hölle. Meine Schwester muss gegen ihren Willen in Ankara bleiben. Meinen Bruder verstehe ich ja noch halbwegs – und es war seine Entscheidung. Und mir werden meine Freunde, Geschwister, Ansprechpartner und Vertrauten weggenommen. Zum ersten Mal bin ich wütend auf meine Eltern. Während der gesamten Rückfahrt rede ich keine einzige Silbe mit ihnen und höre nur Walkman.

Zurück in Deutschland tue ich mich schwer. Es macht keinen Spaß mehr nach Hause zu kommen. „Made in Germany" kommt in die vierte Klasse, ich bin mittlerweile in der neunten. In der Schule gibt es immer wieder Schlägereien, zum ersten Mal geht es dabei um „Türken" gegen „Deutsche". Die Feindschaft zwischen den beiden Lagern wächst. Türkische Jungen lassen sich nicht aufhalten, wenn sie beleidigt, benachteiligt oder beschimpft werden. Die Stimmung wird rauer und unerträglich. Zwar kann ich mich von Schlägereien erfolgreich fernhalten, aber ich gehe auch nicht mehr gerne zur Schule. Einzig die Spiele in der Schulmannschaft können mich in dieser Phase motivieren. Das Halbjahreszeugnis der neunten

Klasse ist mäßig bis mau: In Physik habe ich eine Fünf, ansonsten etliche Vieren und Dreien. Der Klassenlehrer sagt mir, dass meine Versetzung gefährdet sei. Außerdem könnte ich mich mit so einem Zeugnis nicht auf eine Ausbildungsstelle bewerben. Ich gebe mir einen Ruck und verbessere mich in der zweiten Hälfte.

Mein persönlicher Albtraum – eine Lehre als Schlosser

Das Abschlusszeugnis der neunten Klasse ist nicht schlecht, aber es rechtfertigt nicht den Besuch einer Realschule. Eine Ausbildungsstelle zu finden, die meinen Interessen entspricht, scheint schwer zu sein. Handwerkliche Berufe wie Maler, Dachdecker, Installateur etc. interessieren mich nicht. Für kaufmännische Berufe sind meine Noten nicht gut genug. Um meine Chancen auf dem Ausbildungsmarkt zu verbessern, möchte ich die zehnte Klasse besuchen, was in den 1980ern möglich ist. Doch dazu kommt es erst gar nicht, weil mein Vater mich im Frühjahr 1986 mit einem Vorschlag überrascht. Ford stellt im handwerklichen und kaufmännischen Bereich mehrere Auszubildende ein. Er ist der Meinung, dass ich mich bewerben soll. Ich hätte gute Chancen, weil er mit seinem Chef gesprochen habe. Inwieweit so ein Gespräch verbindlich ist, kann ich nicht einschätzen. Ich interessiere mich eher für den kaufmännischen Zweig, doch dieser Wunsch empört meinen Vater. Seiner Meinung nach ist dieser Bereich den Deutschen vorbehalten. Ausländische Kinder sollen froh sein, wenn sie überhaupt eine Ausbildungsstelle bei so einer renommierten Firma erhalten könnten. Ich solle mich als Schlosser bewerben, da hätte ich relativ gute Chancen, genommen zu werden. Das überzeugt mich überhaupt nicht, denn ich bin handwerklich unbegabt. Auch optimale Arbeitsbedingungen mit guten Verdienst- und Aufstiegschancen in einem Weltunternehmen können mich nicht locken.

Die Aussicht, ein Leben lang einer Tätigkeit nachgehen zu müssen, die mir nicht zusagt, lässt mich nicht schlafen. Die Bewerbung sausen zu lassen wäre meinem Vater gegenüber unhöflich, weil er sich in der Firma für mich eingesetzt hat. Also muss ein Plan her, bei dem alle Beteiligten ihr Gesicht wahren können und der allen gerecht wird. Ich schlage meinem Vater vor, mein Glück in Ankara zu versuchen. Er ist jedoch der Meinung, dass ich aufgrund meiner mäßigen Leistungen in der Hauptschule in der Türkei untergehen würde. Meine Mutter ist erst recht dagegen: Eigentlich will sie alle ihre Kinder bei sich haben, und dass ich gehen möchte, schmerzt sie besonders, weil sie mich als Säugling damals in der Türkei zurückgelassen hat. Ich drücke aber auf die Tube und bearbeite meinen Vater weiter. Ich erwähne, wie wichtig es ist, studieren zu können. In meiner Not verspreche ich, dass ich im Falle des Scheiterns in der Türkei zurückkommen werde, um Dachdecker zu werden. Dies ist in 1980ern ein Beruf, der unter türkischen Migranten einen äußerst schlechten Ruf hat. Wer es nicht schafft, eine solide Ausbildung zu machen, muss bei Wind und Wetter auf Dächern herumklettern. Kein Argument der Welt wird meine Mutter überzeugen, deshalb muss ich meinen Vater umstimmen. Und siehe da, mit diesem Schachzug habe ich ihn: Er räumt ein, dass dieser Vorschlag einen Versuch wert ist. In den Sommerferien 1986 fahren wir wieder mit dem Bus in die Türkei – ich mit einem One-Way-Ticket.

4

Das Leben in der Hauptstadt – eine Dreier-WG und Nachhilfe in Deutsch mit Tutti Frutti

Ich bin glücklich und froh, die Lehre als Schlosser abgewendet zu haben. Die Freude über das Wiedersehen mit meinen beiden Geschwistern überwiegt die Unsicherheit, in ein neues und ungewisses Leben zu starten. Wie wird das Zusammenleben mit meinen Geschwistern, meiner Tante und meinem Onkel aussehen? Werde ich schnell Freunde finden? Und werde ich überhaupt mit dem Schulstoff und dem Schulsystem zurechtkommen? Das sind die zentralen Fragen, die mich nach der Abreise meiner Eltern beschäftigen.

Die Wohnverhältnisse bleiben zunächst beengt

Noch während meine Eltern in der Türkei sind, überlegen wir, wie wir die Wohnung aufteilen sollen. Wir haben zwar über 120 qm Wohnfläche, verteilt auf vier Zimmer, Bad, Toilette und zwei Balkone, aber eins der Zimmer ist ein Durchgangszimmer. Wir kommen zu folgender Lösung: Ich teile ein größeres Zimmer mit meinem Bruder, meine Tante eins mit meiner Schwester und mein Onkel bekommt den kleinsten Raum für sich allein. Er ist eh der Oberstreber und lernt gefühlte 24 Stunden täglich. Die Wohnverhältnisse sind etwas beengt, aber niemand hat das Gefühl, kontrolliert oder reglementiert zu werden. Zwischen mir als dem Jüngsten und meiner Tante als der Ältesten sind nur sieben Jahre Altersunterschied. Meine Tante und mein Onkel scheinen kein bisschen spießig zu sein. Sie bestehen nicht einmal darauf, als Tante und Onkel gerufen zu werden, was in kurdischen und türkischen Familien obligatorisch ist. Nur wenn ich die beiden ärgern oder betonen will, dass sie alt sind, spreche ich sie als Tante oder Onkel an. Vor allem in der Öffentlichkeit sind sie dann peinlich berührt. Wir verstehen uns alle sehr gut. Meine Tante studiert an der renommierten Universität Hacettepe Sozialpädagogik, mein Onkel an der Universität Ankara Betriebswirtschaftslehre. Mein Bruder hat natürlich die Hochschulaufnahmeprüfung bestanden und schreibt sich gerade an der Uni Hacettepe für Neue Deutsche Literaturwissenschaften ein. Meine Schwester besucht die zehnte Klasse des Gymnasiums und ich komme dort in die neunte Klasse.

Mitglieder der 3-er WG - Urlaub in Antalya - hier links im Bild

Das Leben in der WG ist sehr entspannt. Die drei Studenten unterstützen unter der Woche die zwei Schüler. Außerdem bekomme ich wertvolle Hinweise in Bezug auf meine Schule und die Lehrkräfte. Schließlich hat mein Bruder hier sein Abitur gemacht und meine Schwester besucht sie seit einem Jahr. An den Wochenenden ist unsere WG überfüllt. Entweder sind die Freunde meiner Tante oder meines Bruders da, oder wir gehen ins Kino oder besuchen Konzerte. Auffallend ist, dass mein Onkel nie Besuch hat. Der Streber muss immer lernen und ist teilweise genervt, wenn an den Wochenenden zu viel Trubel ist. Die Studentinnen und Studenten, die uns besuchen, sind sehr angenehm, sozial und motivieren uns, das Abitur zu erwerben. Zum ersten Mal in meinem Leben sehe ich so entspannte und lebensbejahende Menschen. Die Hauptthemen unter den Studierenden sind nicht Partys oder Feierlichkeiten, sondern politische Debatten. Vor allem geht es darum, dass die neue Regierung sehr konservativ und neoliberal sei und die Arbeiterschicht weiterhin in ihren Rechten beschnitten und benachteiligt werde. In dieser WG lesen alle wie selbstverständlich die linke bis linksliberale Zeitung *Cumhuriyet*. Die Wochenenddebatten sind sehr lang und differenziert, aber nicht dogmatisch. Ich freue mich darauf, auch wenn ich mich nicht aktiv daran beteilige. Ich fürchte, nicht genug über das Land und die politischen Zusammenhängen zu wissen, und halte mich daher zurück.

Trotzdem bringen mir diese informellen Treffen eine Menge. Der Wunsch zu studieren verfestigt sich. In Deutschland war dieser Wunsch eher abstrakt. Ich kannte schließlich in meinem Umfeld keinen einzigen Menschen, der studierte. Aber hier in Ankara prägen sie meine Persönlichkeit und Studenten gehören zu meinem Alltag: Zu Hause, beim Einkauf, im Kino, im Konzert und auf der Straße sehe ich nur junge Menschen, die studieren. Mitte der 1980er-Jahre gibt es in Ankara fünf große Universitäten. Ohne die Studentinnen und Studenten und die Beamtinnen und Beamten in den Ministerien wäre die Stadt wie ausgestorben. Außerdem besuche ich sporadisch meinen Bruder oder meinen Onkel auf dem Unicampus.

Gegen Ende des ersten Schuljahres sind meine Tante und mein Onkel nicht mehr so entspannt und ausgelassen. Die beiden besprechen immer wieder heimlich Dinge, die die Neffen und die Nichte nicht mitbekommen sollen. Außerdem haben sie abends Termine außer Haus, von denen wir nichts erfahren sollen. Kurz bevor meine Eltern in den Sommerferien nach Ankara kommen, lüften sie das Geheimnis. Die beiden werden nach dem Sommer ausziehen, weil noch eine weitere Tante dazukommen wird. Für sechs Personen wäre die Wohnung definitiv zu klein, auch wenn wir betonen, dass wir uns arrangieren würden. Ich bin sehr mitgenommen. Ich darf mich in meinem Leben langfristig an nichts Positives gewöhnen, sobald ich das tue, wird es mir weggenommen. Die Entscheidung steht und meine Tante und mein Onkel ziehen aus, noch bevor meine Eltern kommen. Zum Glück ziehen sie nicht sehr weit weg. In einer Drei-Millionen-Stadt kann das nämlich der Fall sein. Aber den ganzen Sommer sind sie trotzdem bei uns in der WG, weil sie natürlich ihre Schwester - meine Mutter - möglichst oft sehen wollen.

Dreier-WG und die Entscheidung zwischen RTL und 3sat

In diesem Sommer bleiben meine Eltern und „Made in Germany" für insgesamt sechs Wochen bei uns. Kaum sind sie da, da fängt „Made in Germany" an, die 42 Tage Aufenthalt in Ankara herunterzuzählen. Das nervt ein wenig, weil er jeden Tag ankündigt, nach wie vielen Tagen sie wieder nach Deutschland fahren werden. Aber ich kann ihn sehr gut verstehen. Wir bleiben die gesamte Zeit über nur in Ankara. Hier gibt es weder Meer noch Strand: eine langweilige Beamten- und Studentenstadt im Landesinneren, die in den Sommerferien wenig zu bieten hat. Erst recht nicht für Kinder, die hier keine Freunde und sozialen Kontakte haben.

Die sechs Wochen kommen „Made in Germany" lang vor, aber für uns vergehen sie wie im Flug. Denn wir wollen nicht nur viel Zeit mit unseren Eltern verbringen, sondern auch in der Wohnung einige Sachen neu gestalten. Ein Vorteil in der Türkei ist, dass man nicht sechs bis acht Wochen auf ein bestelltes Bett oder Sofa warten muss. Spätesten vier Stunden nach der Auswahl im Geschäft wird einem das Möbelstück ins Haus geliefert und aufgebaut. Die Vier-Zimmer-Wohnung wird so aufgeteilt, dass jeder ein eigenes Zimmer bekommt. Meine Schwester behält das Zimmer, das sie mit meiner Tante teilte. Ich übernehme das kleinere Zimmer von meinem Onkel. Das Wohnzimmer bleibt der Treffpunkt und dient als Fernsehzimmer. Außerdem regt mein Bruder an, einen Fernseher zu kaufen, der für Satellitenempfang geeignet ist, so könnten wir deutsche Sender empfangen. Der dazu nötige Fernseher und Satellit sind sehr teuer, aber meine Eltern halten die Investition für sinnvoll. Schließlich argumentiert mein Bruder damit, dass wir unsere Deutschkenntnisse auffrischen, wenn wir deutsche Programme schauen. Außerdem müsse er als angehender Germanist die Ereignisse in Deutschland verfolgen. Das deutsche Fernsehen soll quasi den Bildungsauftrag erfüllen. Meine Eltern wollen dem natürlich nicht im Weg stehen. Der Fernseher samt Schüssel, die den gesamten Küchenbalkon beansprucht, kommt. Die Installation ist etwas kompliziert, schließlich aber können wir deutschsprachige Programme empfangen. Anfangs haben wir ZDF und 3sat. Große Unterschiede zwischen diesen Sendern gibt es für uns nicht. Bei 3sat ist manchmal der Dialekt der Nachrichtensprecher ungewohnt, weil es Österreicher sind. Nach wenigen Tagen fällt aber das ZDF weg, dafür empfangen wir RTL. Das freut vor allem „Made in Germany", ZDF und 3sat sind ihm zu abgehoben. Warum er so denkt, merken wir, als wir zum ersten Mal die Nachrichten *RTL-Aktuell* sehen. Zwar sind die Nachrichten sachlich, aber dafür einfach. Und die Themen sind nicht ausschließlich politischer Natur. Diese Mischung spricht „Made in Germany" eher an als die *heute*-Sendung im ZDF. Wir drei sind etwas enttäuscht, als das ZDF wegfällt. Jetzt müssen wir uns auch noch mit dem österreichischen Akzent auseinandersetzen. Nicht alles, was in 3sat kommt, interessiert uns. Wir schauen auch nicht ausschließlich deutsches Fernsehen. Hin und wieder sehen wir, was bei RTL passiert. Zu meiner Zeit in Deutschland habe ich diesen Sender nicht wahrgenommen, obwohl er 1984 gegründet wurde. Wenn wir Zeit haben, sehen wir in den folgenden Jahren abwechselnd RTL und 3sat. Später fällt uns bei RTL eine Sendung auf, wie ich sie in dieser Form noch nie gesehen habe: *Tutti Frutti* – eine Erotikshow. Das soll das Markenzeichen des Privatfernsehens sein. Erst später erfahre ich, dass diese Show in Deutschland einige Debatten ausgelöst haben soll. Und ich dachte, die Deutschen sind cool und haben keine Probleme mit so einer Sendung. Davon bekommen wir aber in der Türkei nichts mit. So eine Sendung würde man in der Türkei auch heute niemals ausstrahlen. Hier werden bei Filmen sogar vielfach harmlose Kussszenen rausgeschnitten. Deshalb ist das Interesse – geschlechtsübergreifend – an *Tutti Frutti* in unserem Freundeskreis sehr groß. Sonntags zur Sendezeit von *Tutti Frutti* haben wir grundsätzlich viel Besuch von Studenten und Schülern. Aber es gibt neben der Tatsache, dass Nacktheit normaler wird, auch viel Kritik. Vor allem die linken Studentinnen finden die Sendung frauenfeindlich. Vermutlich eine Diskussion, die auch in Deutschland stattfindet.

„Verehrte Lehrerin, er kommt aus Deutschland!" – das autoritäre Schulsystem

Am 15. September 1986 geht in allen Schulen in der Türkei der Unterricht wieder los. Meine Eltern sind inzwischen wieder in Deutschland, bei meiner Anmeldung waren sie aber noch da. Dabei erhalte ich eine Schulnummer, die ich nicht sonderlich beachte. Das wird für mich noch Konsequenzen haben. Außerdem betont der stellvertretende Schulleiter bei der Anmeldung, dass die Schule sehr gut aufgestellt sei. Sie habe sehr gute Lehrkräfte und die Klassen seien nicht überfüllt. Mit Spannung erwarte ich meinen ersten Schultag. Weil es in der Türkei in den 1980ern viele Schüler, aber nur wenige Schulgebäude gibt, wird in Schicht unterrichtet. Der Unterricht der Gymnasiasten findet zwischen 08.00 und 13.00 Uhr statt, der der Mittelschüler von 13.30 bis 18.30 Uhr. Am Montagmorgen um 7.45 Uhr trifft sich die Frühschicht – also alle Gymnasiasten – zum Morgenappell. Alle müssen vor der türkischen Fahne die Nationalhymne singen. Den montäglichen Appell zu verpassen ist nicht ratsam. Denn unser sadistisch veranlagter Schulleiter stellt sich kurz vor acht an den Schuleingang und verteilt an alle Schüler – unabhängig vom Geschlecht und Alter – Ohrfeigen, die den Appell verpasst haben. Widerspruch ist zwecklos, denn auch die Eltern finden solche Maßnahmen richtig. Wenn man unverletzt in der Klasse angekommen ist, erwartet einen der nächste Appell, nämlich Atatürks Ansprache an die Jugend. Neben der Nationalhymne müssen die Schülerinnen und Schüler auch diesen Appell auswendig aufsagen können. Wer das nicht kann, bekommt Ärger. Ich kann die Ansprache natürlich nicht und bewege meine Lippen, damit ich nicht auffalle. Im Übrigen: Unsere Klasse ist sehr übersichtlich - wir sind nur 56. Mit „nicht überfüllten Klassen" meinte der stellvertretende Schulleiter in der Tat eine Zahl zwischen 50 und 60 Personen. Und wenn man sich andere Schulen ansieht, dann hat er sogar recht. Beispielsweise in der Nachbarschule sind 70 bis 80 Schülerinnen und Schüler pro Klasse die Regel.

Nachdem ich mich durch die Appelle gekämpft habe, beginnt der Unterricht. An den ersten Tagen besprechen die Lehrkräfte meistens formale Dinge: welche Bücher verwendet werden, welche Hefte gekauft werden sollen und so weiter. Gleich am ersten Tag erfahre ich, wie formal und autoritär es in türkischen Schulen zugeht. In der dritten Stunde steht Türkische Literatur an. Die Lehrerin ist unter der Schülerschaft als strenge Hexe bekannt. Als sie reinkommt, erscheint sie mir zunächst ganz sympathisch. Sie ist an diesem Tag die einzige Lehrerin, die mit Inhalten beginnt. Sie möchte die Vorkenntnisse der Klassenmitglieder prüfen und ruft die Nummer 2693 auf. Kein Mensch rührt sich. Alle schauen sich um, aber niemand bewegt sich. Erneut ruft sie die Nummer auf und betont dabei, dass die Klasse vollständig sei. Keine Regung unter den 56 Schülerinnen und Schülern. Dann schreit sie: „2693 - Ahmet Toprak - wer ist das?" Ich bin in diesem Moment so schockiert, dass ich unwillkürlich aufspringe. Daraufhin kommt sie auf mich zu und fragt, warum ich nicht auf meine Nummer reagiere. Ich antworte freundlich, aber mit fester Stimme und Blickkontakt, dass ich meine Nummer nicht kannte. Über meinen Auftritt ist die Lehrerin empört. In diesem Moment steht ein Schüler auf und fragt sie, ob er etwas sagen darf. Die Hexe stimmt zu und der Schüler legt los: „Verehrte Lehrerin, Ahmet ist neu in der Klasse. Er kommt aus Deutschland und heute ist sein erster Schultag in der Türkei. Bitte sehen Sie ihm sein Fehlverhalten nach. Wir werden ihm noch in dieser Woche alle Gepflogenheiten der Schule beibringen." Ich finde es zwar nobel, dass er mich in Schutz nimmt. Aber ich bin mir keiner Schuld und keines Fehlverhaltens bewusst. Die Hexe sagt dann: „So, so, aus Deutschland. Deshalb bist du so respektlos. Dann muss ich bei dir ja keine Vorkenntnisse prüfen. Setz dich!" Nach der Pausenklingel kommt die halbe Klasse auf mich zu und gratuliert mir zu meinem coolen Auftritt. Zwei Jungs bleiben danach stehen und sagen mir, worauf ich achten soll. Die erste Regel ist, dass man seine Nummer auswendig können muss. Die habe ich nach dem Auftritt der Hexe inzwischen drauf ... Regel Nummer zwei: Wenn ich aufstehe, soll ich aus Respekt immer mein Jackett zuknöpfen. Regel Nummer drei: Ich soll mit den Lehrkräften nicht laut reden. Und Regel Nummer vier: den Lehrkräften nicht in die Augen schauen, vor allem, wenn man einen Fehler gemacht hat. Immer den Blick nach unten richten, um zu signalisieren, dass man sich für sein Fehlverhalten schämt. Augenkontakt wird als Aufmüpfigkeit interpretiert. „Aha!", sage ich nur und staune, wie viele Fehler ich innerhalb von einer halben Minute gemacht habe. Das hätte ich nie für möglich gehalten.

Nach dem ersten Kulturschock gewöhne ich mich allmählich an die Gepflogenheiten der Schule. Im Laufe der zweiten Schulwoche soll die Klasse zwei Klassensprecher wählen. Einen Klassenlehrer wie in Deutschland gibt es zwar nicht, aber einer der Fachlehrer ist für die Klasse federführend zuständig. Und bei uns ist das ausgerechnet die Hexe. Zu meiner Überraschung schlägt mich meine Sitznachbarin für den Posten des Klassensprechers vor. Ich bin entsetzt – das war mit mir nicht abgesprochen. Die gesamte Klasse applaudiert, aber die Hexe ist von diesem Vorschlag nicht sonderlich angetan. Sie argumentiert, dass ich neu in der Schule sei und das System noch nicht kenne. Das könnte bei vielen Lehrkräften zu Irritationen führen. Sie hat aber eine schwache Position. Denn die Wahl des Klassensprechers ist die einzige Bastion der Schülerschaft, die Lehrkräfte haben keinen Einfluss. Wenn eine Lehrerin latent oder offensichtlich gegen eine Person argumentiert, dann wird sie erst recht von der Klasse gewählt. 53 der 56 Mitschülerinnen Mitschüler wählen mich zum Klassensprecher und meine Sitznachbarin zu meiner Stellvertreterin. In der Pause erkundige ich mich, was mein Job sei, aber meine Mitschülerinnen und Mitschüler sagen nur „Du machst das schon!". Ich werde das Gefühl nicht los, dass sie sich auf meine Kosten amüsieren wollen.

Abiturklasse 11 Ankara – gemeinsam mit Lehrkräften – hier untere Reihe, 5. von rechts

Erst nach einigen Wochen verstehe ich, warum die Klasse mich mit überwältigender Mehrheit gewählt hat. Denn ich verstehe den Job des Klassensprechers als Interessenvertretung der Schülerschaft. Das ist anscheinend in der Türkei so nicht vorgesehen. Vielmehr ist der Klassensprecher der verlängerte Arm der Lehrerkräfte. Er soll z. B. kontrollieren, ob die Klasse vollständig ist, den Morgenappell leiten usw. Die Anwesenheitskontrolle und auch den Rest überlasse ich meiner Vertreterin. Ich setze mich eher ein, wenn Lehrkräfte ungerecht agieren.

Einige von ihnen sind irritiert, weil ich widerspreche und ihr Vorgehen in Frage stelle oder kritisiere. Der konservative Geschichtslehrer beschwert sich über mich beim sadistischen Rektor. Auch der Religionslehrer hat mich im Visier. Ich bin für ihn nicht nur frech und aufmüpfig, sondern auch ungebildet, was die Koranverse angeht. Aber die Klasse steht hinter mir. Außer mir scheinen alle Angst vor den Lehrerinnen und Lehrern zu haben. Meine freundliche, aber bestimmte Kommunikation, die ich in Deutschland erlernt habe, kommt mir in der Türkei zugute. Der stellvertretende Schulleiter nimmt mich immer in Schutz. Er ist der Meinung, dass ich immer sachlich die Interessen der Schülerschaft vertrete und niemals die Lehrkräfte beleidige oder persönlich angreife. Für mich eine Selbstverständlichkeit, auf einem Gymnasium im Ankara der 1980er eine Innovation. Bis zum Abitur werde ich jedes Jahr zum Klassensprecher gewählt. Sogar die Hexe findet es gut, wie ich meine Rolle als Klassensprecher interpretiere.

Warum ich Anglistik studiere

Im Vergleich zu meiner Zeit in der Hauptschule strenge ich mich in Ankara noch mehr an. Nicht immer komme ich mit der Art und Weise des Lernens zurecht. Hier geht es nicht darum, dass die Schülerinnen und Schüler kritisch sein und die Dinge differenziert betrachten sollen. Vielmehr sollen die vermittelten Inhalte auswendig gelernt und wiedergegeben werden. Vor allem der Geschichtsunterricht und Türkische Literatur sind eine Qual. In Geschichte stehen die Heldentaten der Osmanen und Atatürks im Mittelpunkt. Kritik oder Gegenmeinungen sind nicht erwünscht. Auswendiggelerntes wiederzugeben liegt mir nicht besonders, meine Mitschülerinnen beherrschen es hingegen hervorragend. Als ich einmal die Meinung des konservativen Geschichtslehrers nicht teile, wirft er mich raus und schickt mich zum Schulleiter. Zum Glück ist der auf einer Dienstreise und ich treffe auf seinen Stellvertreter. Dem schildere ich die Fakten und rechne mit dem Schlimmsten. Er sagt aber nur: „Mensch, Ahmet, du kannst bei diesem Nationalisten auch mal etwas zurückhaltender sein. Komm, geh wieder in deine Klasse.“ Ich bin immer wieder überrascht, dass der stellvertretende Schulleiter mich jedes Mal schützt. Später erfahre ich, dass er ein alevitischer Kurde ist.

Dem Abitur sehe ich gelassen entgegen, auch wenn ich mit den Methoden und Inhalten nicht immer zurechtkomme. Angst habe ich hingegen vor der Hochschulaufnahmeprüfung. Die Statistik unserer Schule besagt, dass lediglich zehn Prozent der Abiturientinnen und Abiturienten die Prüfung bestehen und sich an der Universität einschreiben können. Die landesweite Durchfallquote liegt bei über 82 Prozent. Es gibt viel zu viele, die das Abitur erwerben, die bei Weitem nicht alle an den wenigen Hochschulen untergebracht werden können. Während die Selektion in Deutschland nach der Grundschule beginnt, findet sie in der Türkei erst nach dem Abitur statt. Daher liegt der Fokus im letzten Schuljahr weniger auf der Schule als vielmehr auf der privaten Nachhilfe, die speziell auf diese Prüfung vorbereitet. Wie ein Großteil meiner Freunde besuche auch ich eine solche Privatschule. Trotzdem bin ich skeptisch, ob ich die Prüfung bestehen werde. Sowohl meine Klassenkameraden als auch die Jugendlichen in der Privatschule können viel mehr. Ich strebe an, Anglistik zu studieren, da ich gerne eine weitere Sprache lernen möchte. Für ein Sprachstudium muss man nicht nur in diesem Bereich, sondern auch in Sozialwissenschaften (Geschichte, Soziologie, Philosophie und Erdkunde) und in Türkisch (Grammatik sowie Neuere und Ältere Literaturwissenschaft) sehr gut sein. Ein Abiturient muss mindestens – je nach Studienrichtung – in drei Teilgebieten eine Prüfung ablegen. Während die anderen für drei Bereiche büffeln, muss ich zum Glück nur für Türkisch und Sozialwissenschaften lernen. Absurderweise darf ich für Anglistik den Fragenkatalog Deutsch beantworten – ein Glück für mich, denn Deutsch kann ich viel besser als Englisch. Im Sommer 1990 nehme ich an der landesweiten Prüfung, die vier Stunden dauert, teil. Im Fragenkatalog Türkisch und Sozialwissenschaften muss ich jeweils 65 und in Deutsch 75 Multiple-Choice-Fragen beantworten. Für jede Frage habe ich 1,17 Minuten Zeit. Wenn ich vier falsche Antworten ankreuze, wird eine richtige gestrichen. Also muss ich ganz genau überlegen, was ich ankreuze - wildes Ankreuzen ist wegen der Strafpunkte nicht sinnvoll. Nach der nervenaufreibenden Prüfung bin ich fix und alle. Als das Ergebnis vorliegt, bin ich überrascht, dass ich bestanden habe: Deutsch: 70 richtige und drei falsche Antworten, zwei hatte ich ausgelassen. Türkisch: 55 richtige und acht falsche Antworten. Sozialwissenschaften: 58 richtige und sieben falsche Antworten. Und ich darf mich an der renommierten Hacettepe, wo auch meine Tante und mein Bruder studieren, für Anglistik einschreiben. Endlich habe ich mein Ziel erreicht: Ich bin Student. Und was sagt der konservative Geschichtslehrer zum sadistischen Rektor? „Ausgerechnet Ahmet!"

Und wieder heißt es Koffer packen, trotz Jugendliebe

Eine der wenigen, die die Prüfung bestehen, ist Sibel, meine Jugendliebe aus der Parallelklasse. Damit wir gemeinsam studieren können, wählen wir nur Studiengänge, die an den Universitäten Ankaras angeboten werden. Es gibt zu dieser Zeit in der Stadt fünf Universitäten, am liebsten würden wir beide an der gleichen studieren. Wie durch ein Wunder klappt auch das: Sibel bekommt an der Universität Hacettepe einen Studienplatz für Philosophie. Ich wusste gar nicht, dass sie sich für Philosophie interessiert. Sie wollte eigentliche Psychologie oder Türkische Literatur studieren. Die Universität ist ca. 20 Kilometer außerhalb von Ankara auf einem Berg gelegen. Bisweilen liegt dort oben schon Schnee, auch wenn es in der Stadt noch nicht so richtig winterlich ist. Dann tut sich der Bus manchmal schwer, den Berg hochzufahren, und wir müssen das letzte Stück laufen. Das macht aber niemandem etwas aus, alle nehmen es sportlich.

Das Studium ist zwar anspruchsvoll, aber dafür geht es nicht so autoritär zu wie in der Schule. Um meine Fremdsprachenkenntnisse für das Anglistikstudium aufzupolieren, muss ich zwei Semester lang ausschließlich Englischkurse belegen. Das heißt, mein Studium wird fünf Jahre dauern, nicht vier.

Mit Sibel 1990 in Ankara

Diese Anfangsphase des Studiums ist eine glückliche Zeit. Abwechselnd fahre ich mit Sibel und ihrer Schwester (sie studiert Türkische Literatur) oder mit meinem Bruder zur Uni. Manchmal sind wir auch zu viert mit dem Auto meines Bruders unterwegs – mein Vater hat es ihm gekauft und es erweist sich häufig als sehr praktisch. Oft treffen wir uns alle in der WG oder gehen gemeinsam ins Theater oder ins Kino. Silvester 1990 wird diese ausgelassene Stimmung durch einen Anruf meiner Eltern getrübt. Sie bieten meinem Bruder an, im Sommer 1991, wenn er sein Studium beendet haben wird, in Deutschland weiterzustudieren bzw. zu promovieren. Mein Bruder lehnt das sofort ab, er habe andere Pläne. Stattdessen schlägt er vor, dass ich in Deutschland studieren solle: das sei viel sinnvoller, da ich ja gerade erst begonnen habe. Ich bin einfach nur entsetzt – warum sagt er so etwas?! Aber er hat es gesagt und die Sache steht im Raum. Nicht, dass ich nicht gerne in Deutschland studieren würde. Schließlich hatte ich mich dort sehr wohl gefühlt. Aber ich möchte mich nicht von Sibel trennen. Ich bin in einer Zwickmühle: Einerseits zieht es mich stark nach Deutschland, andererseits möchte ich auch die Beziehung zu meiner Freundin aufrechterhalten. Ich glaube nicht, dass das über diese Entfernung möglich ist. Im Sommer 1991 trennen wir uns unfreiwillig. Ich packe mal wieder meine Koffer und fliege dieses Mal mit einem Direktflug nach Köln.

Ich erfahre im Nachgang, dass Sibel anfangs nach der Trennung sehr traurig ist. Sie studiert sehr zügig und erfolgreich und erwirbt nach dem BA auch noch MA-Abschluss. Außerdem erfahre ich, dass sie nach dem Studium ihren Philosophie-Professor, der 16 Jahre älter ist als sie, heiratet. Ob das eine glückliche Ehe ist?

5

Am Ziel angekommen – Student an einer deutschen Universität

In Köln muss ich mich zunächst um die Formalitäten kümmern. Es ist mittlerweile Ende Oktober und das Semester ist bereits in vollem Gange. Einen Studienplatz an der Universität Bonn habe ich in der Tasche. Ich muss mich also dort einschreiben und dann wegen des Aufenthalts bei der Ausländerbehörde in Köln vorstellig werden.

Deutschkurs für Anfänger und die nette Beamtin bei der Ausländerbehörde

Da ich in der Türkei Anglistik studiert habe, bekomme ich an der Universität Bonn einen Studienplatz für Anglistik. Bei der Einschreibung klärt mich die Sachbearbeiterin darüber auf, dass man in Deutschland Anglistik anders als in der Türkei nicht als Einzelfach studieren kann. Entweder muss ich noch ein zweites Hauptfach oder zwei Nebenfächer wählen. Das fängt ja gut an, denke ich mir. Willkommen im vielfältigen deutschen Bildungssystem. Ich entscheide mich für Germanistik als zweites Hauptfach. Nachdem ich diese Hürde genommen habe, zeigt mir die Sachbearbeiterin sofort die nächste: Bevor ich anfangen kann zu studieren, muss ich den Deutschkurs für Bildungsausländer bestehen. Schließlich hätte ich mein Abitur nicht in Deutschland erlangt. Sie schreibt mich ein, schickt mich aber nicht in einen Hörsaal, sondern in einen Klassenraum in einem schulähnlichen Gebäude der Universität Bonn.

Pflichtbewusst gehe ich hin. Circa 20 junge Menschen aus unterschiedlichen Ländern sitzen hier und lernen Deutsch. Ich denke nur: „Oh nein, das hatte ich doch vor elf Jahren schon!" Die Lehrerin ist sehr offen und begrüßt mich freundlich. Sie redet sehr langsam und möchte wissen, wie ich heiße, aus welchem Land ich komme und was ich nach dem Deutschkurs studieren werde. Ich lege los wie die Feuerwehr. Die 20 angehenden Studentinnen und Studenten sehen mich entgeistert an und auch die Lehrerin ist irritiert, dass ich so gut und fließend spreche. Nach der Pause kommt sie auf mich zu und legt mir nahe, diesen Kurs nicht zu besuchen. Sie macht mir zwei Vorschläge: Entweder kann ich im März an der Prüfung zur Feststellung der deutschen Sprachkenntnisse teilnehmen, ohne einen Kurs besucht zu haben. Ich würde den Test problemlos bestehen. Oder ich besuche den Kurs für Fortgeschrittene und frische meine Grammatik auf. Aber der Anfängerkurs wäre nichts für mich. Grammatik auffrischen klingt nicht schlecht. Bevor ich tatenlos ein halbes Jahr auf die nächste Prüfung warte, besuche ich lieber den Fortgeschrittenenkurs. Hier unterrichten eine Lehrerin und ein Lehrer abwechselnd und kompetent. Der Großteil der angehenden Studierenden spricht zwar relativ gut, aber auch hier scheine ich auf den ersten Blick nicht hinzugehören. Die beiden Lehrkräfte merken jedoch schnell, dass ich zwar schnell und fließend spreche, aber dabei nicht immer alle grammatikalischen Regeln beachte. Deshalb ist der Deutschkurs für mich ein großer Gewinn. Ich gehe regelmäßig hin und lerne zum ersten Mal bewusst und systematisch die deutsche Grammatik.

Nachdem ich mich erfolgreich an der Universität eingeschrieben habe und einen regelmäßigen Kurs besuche, kümmere ich mich nun um meinen Aufenthalt. Außerdem muss ich mich bei der Behörde melden, um mitzuteilen, dass ich meinen Wohnsitz bei meinen Eltern habe. Mittlerweile ist „Made in Germany" 15 Jahre alt und besucht die zehnte Klasse einer Realschule in Köln. Als Einzigem in der Familie bleibt ihm der Besuch der Hauptschule erspart. Er beschreibt mir, wo die Ausländerbehörde ist. Auf dem Weg zur U-Bahn sehe ich eine blonde Frau am Straßenrand warten. Ich erkenne sie sofort: Sie war eine meiner Lehrerinnen an der Hauptschule in Köln Vogelsang. Was sie hier am Ebertplatz wohl macht? Auch sie erkennt mich auf Anhieb und wir kommen ins Gespräch. Sie erzählt mir, dass die Hauptschule Kolkrabenweg aufgelöst wurde und sie und ihr Mann - auch ein Lehrer an unserer Schule - woanders arbeiten. Wenn ich fünf Minuten warten würde, könnte ich ihn begrüßen. Inzwischen erfährt sie, dass ich Abitur gemacht habe und in Bonn studiere. Als ein blaues Auto vor uns stehen bleibt, geht die Lehrerin euphorisch auf ihren Mann (meinen früheren Klassenlehrer) zu und sagt: „Schau mal, das ist unser ehemaliger Schüler Ahmet aus der Hauptschule Kolkrabenweg. Erkennst du ihn wieder?" Er nickt und sagt „Ja". Seine Frau ist immer noch euphorisch. Sie erzählt ihm, dass ich Abitur gemacht hätte und in Bonn studieren würde. Er dann: „Aha, Glückwunsch. Komm, steig ein. Wir haben's eilig." Das blaue Auto fährt davon und ich sehe das Lehrerpaar nie wieder.

Deutschkurs an der Universität Bonn - hier dritter von links

Mit der U-Bahn fahre ich zur Ausländerbehörde, die ich im Jahre 1980 als „Polizei" kennengelernt hatte. Die Anmeldung des Wohnsitzes bei meinen Eltern kann ich bei der gleichen Sachbearbeiterin erledigen wie damals. Ich komme relativ schnell dran. Die Sachbearbeiterin scheint mich und meine Familie zu kennen, zumindest laut Aktenlage. Sie fragt mich, warum ich 1987 in die Türkei gegangen wäre. Ich korrigiere sie höflich und sage wahrheitsgemäß, dass ich Deutschland 1986 verlassen hätte. Sie antwortet, dass sie davon nichts wisse. Laut ihren Unterlagen hätte ich meinen Aufenthalt seit März 1987 nicht verlängert und das ist die aktenkundige Tatsache, die zählt. Ich widerspreche ihr nicht mehr und warte, was passieren wird. Dann erklärt sie mir Folgendes: „Lieber Herr Toprak, laut meiner Akte sind Sie vor Vollendung der Fünfjahresfrist nach Deutschland zurückgekehrt. Menschen, die im jugendlichen Alter in die Türkei zurückkehren und vor Vollendung der Fünfjahresfrist wieder nach Deutschland kommen, bekommen ihre alten Rechte wieder zurück. Also, wenn Sie mir auf einem losen Papier handschriftlich schildern, dass Sie sich in der Türkei nicht integrieren konnten und wieder nach Deutschland kommen mussten, dann erhalten Sie ihre Aufenthaltsrechte wieder zurück!" Da soll mir noch einer sagen, die Ausländerbehörde sei gemein und fies! Diese Frau zumindest ist das Gegenteil davon. Im Prinzip legt sie mir alles in den Mund. Zwar war ich in der Türkei gut integriert, aber ein bis zwei Sätze kann ich ja dazu schreiben. Ich gehe nach Hause und bereite die Unterlagen vor. Am nächsten Tag überprüft die Sachbearbeiterin alles, erklärt mein Studentenvisum für ungültig und erteilt mir eine unbefristete Aufenthaltserlaubnis. Ich bin überwältigt, wie unkompliziert und konstruktiv sie vorgeht. Mein Aufenthalt ist gesichert, und ich kann mich jetzt voll und ganz meinem Studium widmen.

Ich weiß nicht, was Goethe sich dabei gedacht hat

Die angekündigte Prüfung (schriftlich und mündlich) zum Nachweis der deutschen Sprachkenntnisse bestehe ich im ersten Anlauf. Im Sommersemester 1992 kann ich das reguläre

Studium der Anglistik und Germanistik auf Magister an der Universität Bonn aufnehmen. Zu meiner Überraschung gibt es hier keine Vorkurse für Englisch und ich frage mich, ob ich dem Ganzen sprachlich gewachsen bin. Laut Studienverlauf für Anglistik belege ich eine Übung und ein Proseminar in Literaturwissenschaft. In Germanistik habe ich auch nur drei Veranstaltungen. Insgesamt fünf Kurse? Das kommt mir sehr wenig vor. Nach den ersten Wochen merke ich aber sehr schnell, dass das Niveau mindestens Champions League ist. Vor allem der Native Speaker im Englischkurs geht so schnell voran, dass mir schwindelig wird. Viele Kursteilnehmer, vor allem die Studentinnen, haben mit diesem Niveau keine Probleme. Als ich nach der Veranstaltung höre, wie eine Studentin ihrer Freundin erzählt, dass sie sich im Kurs langweilt, weil sie schon alles kann, bin ich niedergeschlagen. Später erfahre ich, dass viele der Studierenden ein oder mehrere Jahre in England, USA, Kanada oder Australien waren. Kein Wunder, dass sie sich langweilen! Ich habe mich phasenweise im Deutschkurs auch gelangweilt. Meinen Sprachkurs bestehe ich mit sehr viel Aufwand mit einer Vier, die Hausarbeit im Literaturproseminar gebe ich erst gar nicht ab. In Germanistik läuft es zwar etwas besser, ich bestehe beide Kurse. Aber ich merke bald, dass mich dieses Studium nicht besonders interessiert.

Im darauffolgenden Semester besuche ich in Germanistik ein Proseminar zum Thema „Die Klassiker der Deutschen Literatur“. Der Schwerpunkt des Seminars besteht darin, die Texte und Gedichte von Goethe, Schiller etc. zu analysieren. Anfangs gehe ich sehr gerne hin, weil das Thema mich interessiert. Aber der Professor, der das Seminar leitet, ist alles andere als sympathisch. Man muss sehr genau abwägen, was man sagt und was besser nicht. Je nachdem, welcher Klassiker auf dem Programm steht, müssen wir Textauszüge oder Gedichte analysieren und kontextualisieren. Dabei muss man immer beachten, in welchem Jahrhundert der besprochene Klassiker gelebt hat. Bei Goethes Gedichten brauchen wir lange und unser Professor ist mit unseren Beiträgen nicht zufrieden. Er betont immer wieder, dass wir bei unseren Analysen die politische Lage, die Dominanz der Kirche und das Jahrhundert der Entstehung einbeziehen sollen. Weil ich mich zurückhalte, falle ich dem Professor in diesem kleinen Kurs anscheinend auf. Irgendwann fragt er mich: „Herr Toprak, was denken Sie, was wollte Goethe mit diesen Zeilen ausdrücken?" Mir fällt nichts ein. Mit vielen klugen Antworten und Ideen meiner Kommilitoninnen war er nicht zufrieden. Welcher Beitrag von mir könnte diese übertreffen? Aus meiner Sicht keiner. Deshalb sage ich nur lapidar: „Vielleicht hat sich Goethe dabei nichts gedacht und einfach nur geschrieben!?" Während meine Kommilitoninnen diese Antwort mindestens gewagt bis bemerkenswert finden, kocht der Professor vor Wut. Im Nachhinein kann ich den Wutausbruch des Professors als Wissenschaftler sehr gut nachvollziehen. Er hält einen zehnminütigen Monolog darüber, was Goethe sich alles gedacht haben könnte. Ich frage mich naiv, woher er das alles weiß. Er kann ja schließlich nicht mit ihm befreundet gewesen sein. Spätestens nach diesem Proseminar mache ich mir verstärkt Gedanken, ob ich das richtige Fach studiere. In einem Aushang am Schwarzen Brett finde ich die Kontaktdaten und Sprechstunden der Studienberatung. Hingehen und sich beraten lassen kann nicht schaden, denke ich mir.

Die Lösung sind die drei Ps

Weil ich mit dem Studium immer weniger zurechtkomme, verstärkt sich bei mir der Wunsch nach einem Fachwechsel. Ich weiß aber auch nicht so richtig, in welche Richtung ich mich orientieren soll. Von der Studienberatung erhoffe ich mir einige Impulse, die mich weiterbringen. Die dortige Psychologin erkennt mein Problem relativ schnell. Sie händigt mir einen umfangreichen Fragebogen aus, den ich zu Hause in aller Ruhe ausfüllen soll. Das tue ich und beantworte vor allem die offen formulierten Fragen ausführlich. Innerhalb weniger Tage wertet die Psychologin den Fragebogen aus und sagt mir, dass dieses Studium - Anglistik und Germanistik - weder meinen Interessen noch meinen Fähigkeiten entspräche. Ich solle am besten Psychologie, Pädagogik oder Politologie studieren.

In der nächsten Zeit kümmere ich mich nicht mehr um mein Magisterstudium an der Universität Bonn, sondern recherchiere die Inhalte dieser drei Studiengänge. Psychologie scheint zwar interessant zu sein, aber es ist aussichtslos, dort einen Studienplatz zu bekommen. Das Studium ist Anfang der 1990er-Jahre zulassungsbeschränkt und der Numerus Clausus liegt zwischen 1,3 und 1,7. Politikwissenschaft würde mich zwar inhaltlich interessieren, aber hier sind die Berufsaussichten nicht besonders gut. Außerdem kann das Fach nur auf Magister studiert werden, also bräuchte ich wieder Nebenfächer. Es bleibt also Pädagogik: Die Inhalte sind ähnlich interessant, es gibt keine Zulassungsbeschränkung, das Fach kann auf Diplom studiert werden und die Berufsaussichten sind vergleichsweise gut. Im Zuge meiner Recherchen fällt mir die Universität Regensburg auf, die im Studiengang Pädagogik auch viel Psychologie anbietet. Aus meiner Sicht ist das die Lösung. Ich bewerbe mich und bekomme innerhalb weniger Wochen eine schriftliche Zulassung. Meine Freude ist einerseits groß. Aber andererseits muss ich wieder die Koffer packen und meinen Eltern - vor allem meiner Mutter - vermitteln, warum ich nach Bayern muss.

Meine Eltern sind von meinen Plänen erwartungsgemäß nicht sonderlich begeistert. Meine Mutter versucht alles, damit ich nicht wieder wegziehe. Sie bietet mir an, einen dreimonatigen Aufenthalt in England zu finanzieren, damit ich meine Englischkenntnisse verbessern kann. Später erfahre ich den wahren Grund für die Skepsis meiner Eltern. Sie kennen Regensburg nicht und fürchten, dass es dort gar keine Universität gibt. Den Namen dieser Stadt haben sie noch nie gehört. Ich kann das gut verstehen, denn auch ich musste erst einmal auf der Karte nachschauen, wo genau Regensburg liegt. Ich war damals auch sehr überrascht, dass aus der Kölner Perspektive Regensburg Niemandsland ist. Nürnberg kennt man ja, aber Regensburg? Die haben ja nicht einmal eine Bundesligamannschaft. Später erfahre ich, dass es dort auch keine S- und U-Bahn gibt. Um die diffusen Ängste meiner Eltern zu zerstreuen, schlage ich einen Ausflug nach Regensburg vor. Wir könnten so überprüfen, ob es dort eine Universität gibt und – wenn das der Fall ist – wie sie aussieht.

Um vier Uhr morgens starten wir. Laut meinem Plan müssten wir in ca. fünf Stunden dort ankommen. Navigationssysteme gab es ja damals nicht, ist aber auch nicht nötig. Denn wenn man ab Köln auf der A 3 ca. 500 Kilometer Richtung Süden fährt, kommt man zwangsläufig in Regensburg an. Ohne ein einziges Mal die Autobahn zu wechseln. So etwas gibt es in Deutschland selten. Als Vergleich: Um von Dortmund nach Köln zu gelangen (ca. 100 Kilometer), muss man mindestens vier Mal (A 44, A 43, A 1 und A 3) die Autobahn wechseln. Aufgrund der guten Verkehrslage kommen wir gut voran und sind um kurz vor neun Uhr in Regensburg. Die Universität ist im Süden der Stadt und liegt im Grünen, eine typische Campus-Universität. Die Wege sind kurz, in der Mitte befinden sich die Bibliothek und die Mensa. Einige Bauten sind zwar sehr betonlastig und hässlich, aber kein Vergleich zur Ruhr-Universität Bochum. Wenn man hingegen den Bonner Hofgarten vor Augen hat, ist der Campus keine Augenweide. Mir gefällt die Universität trotzdem sehr und meinen Eltern auch (ihnen fehlt im Übrigen der Vergleich zur Uni Bonn). Wir schauen im Studienbüro vorbei und ich erkundige mich nach den Einschreibungszeiten. Der Sachbearbeiter bestätigt in Anwesenheit meiner Eltern meine Zulassung und sagt mir, dass ich mich ab dem 4. Oktober einschreiben darf. Damals beginnt das Wintersemester immer am 2. November, weil die bayerischen Jugendlichen ihren Eltern bei der Ernte helfen müssen. Da merke ich schon, dass die Uhren in Bayern anders ticken. Meine Eltern schauen sich etwas um, eine Stunde später wollen sie wieder zurückfahren. Mein Vorschlag, sich auch die Stadt anzusehen und mittags in einem türkischen Restaurant (ich hatte bereits telefonisch einen Tisch reserviert) zu speisen, findet keine Zustimmung. Meine Mutter sagt lediglich: „Wir haben die Universität gesehen, das ist hier sehr schön. Du hast auch einen Studienplatz. Vergiss nicht, dich am 4. Oktober einzuschreiben. Und kümmere dich bald um ein Zimmer oder eine kleine Wohnung.“ Ich sage nur ironisch „Ja, Mam!“ Wir steigen wieder ins Auto und sind am Nachmittag zu Hause. Meine Eltern sind beruhigt und ich kümmere mich in der Folge um eine Bleibe.

Ist Bayern schlimmer als Ausland?

Als meine Freunde und Kommilitoninnen erfahren, dass ich nach Regensburg gehen werde, sind sie empört. Einige fragen, wo das überhaupt ist. Bayern hat hier einen schlechten Ruf: Es sei rückschrittlich, traditionell, arrogant, hinterwäldlerisch, ausländerfeindlich, der deutschen Sprache nicht mächtig – um nur einige der Aussagen zu nennen, die ich im Vorfeld zu hören bekomme. Eine Freundin beeindruckt mich nachhaltig: Sie sagt, dass sie Bayern so sehr hasst, dass sie nicht bereit ist, dort zu tanken, wenn sie nach Italien in den Urlaub fährt. Sie würde in Aschaffenburg tanken, um einen Tankaufenthalt in Bayern zu vermeiden. Als ich dann erwähne, dass Aschaffenburg (obwohl man es vom Dialekt her nicht vermuten würde und eher Frankfurt assoziiert) tatsächlich zu Bayern gehört, ist sie entsetzt. „Ach du Scheiße!“ Wir schauen aber sicherheitshalber trotzdem auf der Karte nach (googeln konnte man damals nicht), ob Aschaffenburg wirklich zu Bayern gehört. Aber die Freundin gibt nicht nach und betont: „Ach, deshalb sind die an der Tanke immer so scheiße drauf!“

Meine ersten Erfahrungen mit Menschen aus Bayern, die entweder per Brief oder Telefon erfolgen, sind durchweg positiv. Bei der Wohnungssuche tue ich mich am Telefon zwar schwer, den oberpfälzerischen Dialekt der potenziellen Vermieter zu verstehen. Aber sonst merke ich keine großen Unterschiede. Auf dem freien Wohnungsmarkt finde ich nichts und für ein

WG-Zimmer müsste ich vor Ort sein. Ich probiere es schließlich mit den studentischen Wohnheimen. Zu meiner Überraschung reicht ein einziger Anruf beim Studentenwerk und ich habe die Wahl zwischen zwei Wohnheimen. Die Sachbearbeiterin ist sehr freundlich und beschreibt mir die beiden Zimmer am Telefon ausführlich. Ich entscheide mich spontan für das Wohnheim mit einem eigenen Zimmer inkl. Bad, Toilette und Balkon und einer Gemeinschaftsküche. Dadurch ergeben sich möglicherweise Kontakte zu anderen Studenten. Ich freue mich nicht zuletzt deshalb, weil der Wohnungsmarkt für Studierenden in Regensburg sehr angespannt ist. Später erfahre ich, dass es für Bildungsausländer - dazu zähle ich - ein eigenes Kontingent in Wohnheimen gibt. Weil das nicht ausgeschöpft ist, habe ich die freie Auswahl. Einer der wenigen Vorteile, den ich als Ausländer gerne in Anspruch nehme. Mein Wohnheimzimmer kann ich wahlweise zum 1.10. oder zum 1.11. beziehen. Weil der 1.10 schon vorbei ist, kann ich sogar - ausnahmsweise - zum 15.10. einziehen. Von arroganten Bayern merke ich recht wenig. Mitte Oktober 1993 verkaufe ich mein Auto, packe beinahe alles, was ich habe, in zwei Koffer und fahre mit dem Zug nach Regensburg. Was ich darüber hinaus brauche, kann ich mir ja vor Ort kaufen.

Von Anfang an macht mir der oberpfälzerische Dialekt zu schaffen. Weil die Einheimischen die Laute immer mit „Eu", „Heu" oder „Hou" betonen, habe ich dauernd das Gefühl, dass ich angebellt werde. Und das bei meiner panischen Angst vor Hunden! Da ist dieser Dialekt nicht immer hilfreich. Wenn ich etwas nicht verstehe und nachfrage „Wie bitte?", sprechen die Einheimischen ganz langsam und in gebrochenem Deutsch, z. B. „Du mich verstehen?" oder „Du mich nix verstehen???" Wenn ich dann höflich darauf hinweise, dass ich nicht mit Du angesprochen werde möchte und es ausreichen würde, wenn sie ihren Dialekt etwas zügeln würden, sind sie irritiert. Einem Händler sage ich, dass ein blonder Hamburger ihn auch nicht verstehen würde. Bei diesem käme er aber nicht auf die Idee, ihn in gebrochenem Deutsch zu duzen. Daraufhin verkauft er mir den ausgesuchten Computer 100 DM billiger. Und er entschuldigt sich bei mir.

Nachdem ich die kleineren und etwas größeren Herausforderungen des Alltags im Griff habe, kümmere ich mich um das Studium. Einen Computer, ein paar Bücher und eine warme Bleibe habe ich. Jetzt muss ich sehen, welche Schwierigkeiten das Studium und der Dialekt meiner Kommilitoninnen für mich bereithalten. Anfang der 1990er-Jahre ist das Studium sehr variabel. Module oder Credit Points, die den Alltag der heutigen Studierenden prägen, kennen wir nicht. Ein fester Stundenplan ist verpönt, das Studium ist sehr frei. Der Studienplan empfiehlt lediglich, es nach neun Semestern (Regelstudienzeit) abzuschließen. Nach dem vierten Semester soll das Grundstudium mit einer Vordiplomprüfung (mündlich und schriftlich) abgeschlossen werden. Das sind die Rahmenbedingungen, die einem mit auf den Weg gegeben werden. Eine Einführungswoche für Erstsemester, eine Erstsemesterparty, Kneipentouren, Studienlotsen u.v.m., wie ich sie heute als Professor von meiner Hochschule kenne, gibt es hier nicht. Jeder Student muss selbst schauen, wie er zurechtkommt. Ich bin sehr motiviert und möchte das Studium schnell durchziehen. Als ich aber sehe, dass laut Studienverlauf Statistik I und Statistik II im Grundstudium nachgewiesen werden müssen, bin ich empört. Außerdem wird Statistik I erst im Sommersemester 1994 angeboten. Ich kann ja nicht mit Statistik II beginnen. Das Problem löse ich, indem ich Statistik I im Fach Psychologie belege. Das ist sogar erlaubt. Wie gesagt, das Studium ist sehr variabel, und das gefällt mir. Außerdem verstehe ich den Großteil der Studierenden ziemlich gut: Offenbar sind viele sozusagen zweisprachig aufgewachsen – neben dem Dialekt sprechen sie auch Hochdeutsch.

Wie gesagt, ich habe vor, das Studium zügig zu beenden. Ich habe schließlich durch Ankara und Bonn sechs Semester vertändelt. Aus diesem Grund habe ich ein etwas schlechtes Gewissen. Das Grundstudium besteht aus elf verbindlichen Scheinen und freiwilligen Veranstaltungen, die jeder Student besuchen soll. Bereits im ersten Semester nehme ich mir fünf Scheine vor. Ob das klappt? Da ich Statistik belegen muss, habe ich das Gefühl, mich übernommen zu haben. Aber es ist einen Versuch wert, denn man kann die Prüfungen beliebig oft wiederholen. Lediglich im Vordiplom hat man nur zwei Versuche. Im ersten Semester bestehe ich alle Prüfungen; na ja, fast alle. Statistik schaffe ich erst am Anfang des nächsten Semesters in der Nachholklausur. Um nicht erneut nachschreiben zu müssen, will ich Statistik II bereits im ersten Anlauf hinbekommen. Irgendwie fühle ich mich „bei der Ehre gepackt", in Statistik nicht durchzufallen. Statistik II bestehe ich beim ersten Versuch mit einer Drei. Auch im zweiten Semester mache ich fünf Scheine und bin für das Vordiplom fast scheinfrei. Nach dem dritten Semester möchte ich das Vordiplom ablegen. Das ist eine wichtige Hürde, wie ich von anderen Studentinnen erfahre. Hier entscheiden die Professorinnen und Professoren, wer am Ende Pädagoge wird und wer nicht. Das Vordiplom besteht aus zwei mündlichen und zwei schriftlichen Prüfungen. Ich habe zwar Angst davor, aber mehr als durchfallen kann ich ja nicht. Nach der ersten vierstündigen Klausur bin ich sicher, dass ich diese Prüfung nicht bestehen werde. Denn meine Kommilitoninnen haben für die Fragestellung 20- bis 30-seitige Ausführungen gemacht. Und ich war heimlich stolz darauf, sieben Seiten geschrieben zu haben. Die beiden mündlichen Prüfungen bestehe ich mit guten Zensuren. Aber die Ergebnisse der schriftlichen Prüfungen stehen noch aus. Weil die Prüferinnen und Prüfer überlastet sind, brauchen sie lang für die Korrekturen. Irgendwann erfahre ich in der Cafeteria, dass alle außer mir ihre schriftliche Note vorliegen haben. Ich fasse mir ein Herz und frage im Studienbüro nach. Die

Sachbearbeiterin ist sehr bemüht und hilfsbereit. Als sie in ihren Unterlagen nichts findet, ruft sie beim zuständigen Professor an. Er sagt, dass er die Klausur korrigiert und an den Zweitleser weitergegeben habe. Beim Vordiplom müssen die Klausuren von zwei unabhängigen Gutachtern korrigiert werden. Sie ruft beim Zweitgutachter an. Auch der sagt, dass er die Klausur gelesen habe. Die Unterlagen bleiben jedoch unauffindbar und also erfahre ich meine Note nicht. Anscheinend ist meine Klausur verloren gegangen. Das ist ja super! Ich bin ziemlich verärgert. Zumal mir die Sachbearbeiterin sagt, dass ich die Klausur neu schreiben müsse, sollte sie nicht wieder auftauchen. Eine Klausur neu schreiben, weil die zerstreuten Professoren sie verbummelt haben? Das glaubt mir doch kein Mensch. Ich gehe wieder in die Cafeteria und erzähle meinen Kommilitoninnen, was passiert ist. Alle versuchen mich zu trösten, vergeblich – ich bin untröstlich. In diesem Moment kommt die Sachbearbeiterin in die Cafeteria und teilt mir sehr freundlich und fröhlich mit, dass die Klausur aufgetaucht sei. Sie hätte sich mit einer Heftklammer in der Schublade des Professors verhakt. Und: Ich hätte mit 1,7 bestanden. Während ich vor Freude eine Runde schmeiße, sind die anderen sprachlos. Ich wundere mich, dass sich die drei Studentinnen gar nicht für mich zu freuen scheinen und stattdessen ungläubig die Sachbearbeiterin anglotzen. Erst denke ich, dass sie neidisch auf meine Note sind. Dann erfahre ich aber, dass sie sich über die Sachbearbeiterin wundern: Dass sie sich die Mühe macht, nach meiner verloren gegangenen Klausur zu suchen. Und dass sie dann auch noch extra in die Cafeteria kommt, um mir meine Note mitzuteilen. Also doch Neid? Erst nach und nach begreife ich, warum die Studentinnen so verwundert sind. Die Sachbearbeiterin aus dem Studienbüro ist verschrien, alle nennen sie nur „die Hexe". Von dieser ominösen „Hexe" hatte ich schon viel gehört, brachte den bösen Beinamen aber nicht mit Frau Hermann zusammen. Ich habe mit ihr ganz andere Erfahrungen gemacht und kann die Schmähung gar nicht nachvollziehen. Meine Kommilitoninnen ziehen mich auf. Sie behaupten, dass „die Hexe-Hermann" auf mich stünde und deshalb freundlich zu mir - und zwar nur zu mir - sei. Alle anderen Studenten, vor allem die Studentinnen, würden sich gar nicht trauen, bei ihr anzuklopfen, so unfreundlich sei sie immer. Und für mich rennt die Hermann-Hexe runter und kommt außerhalb der Öffnungszeiten in die Cafeteria, um mir die frohe Botschaft einer mit 1,7 bestandenen Klausur mitzuteilen. So etwas würde sie bei Studentinnen niemals machen. Mir soll`s egal sein, die Note wurde mir ja nicht geschenkt. Ich kann nichts dafür, wenn die Sachbearbeiterin mich „normal" behandelt. Auch wenn meine Kommilitoninnen diese Normalbehandlung als Sonderbehandlung definieren.

Die Hürde „Vordiplom" ist genommen und ich kann mich dem Hauptstudium zuwenden. Die Studierenden aus den höheren Semestern betonen, dass das Niveau in den Hauptseminaren nicht mit den Übungen und Proseminaren des Grundstudiums zu vergleichen ist. Mittlerweile habe ich aber keine Angst mehr. Ich lasse alles auf mich zukommen. Aus taktischen Gründen mache ich manchmal eine falsche Angabe bei der Semesterzahl. Wenn ich mich in einem Hauptseminar anmelde, gebe ich nicht viertes Semester, sondern sechstes oder siebtes an. Während des vierten und fünften Semesters erledige ich alle Pflichtscheine und schreibe im sechsten Semester meine empirische Diplomarbeit. Ich bestehe die Arbeit mit der Note „gut". Was jetzt noch fehlt, sind die mündlichen und schriftlichen Prüfungen, mit denen das Diplomstudium abgeschlossen wird. Die Gesamtnote wird aus diesen Abschlussprüfungen und der Diplomarbeit gebildet. Die Noten, die man bei den Scheinen im Grund- und Hauptstudium oder im Vordiplom hatte, fließen nicht in die Bewertung ein.

Weil ich mich einerseits für meinen Fleiß belohnen und andererseits nicht als Oberstreber dastehen möchte, strebe ich das Examen nach dem siebten Semester an. Ich besuche viel mehr Studentenpartys als früher und nehme mir außerdem mehr Zeit für die Prüfungsvorbereitung. Vor mir liegen vier mündliche und zwei schriftliche Prüfungen. Obwohl mir das Mündliche mehr liegt als das Schriftliche, bin ich im Vorfeld einer mündlichen Prüfung sehr nervös. Der Tag vorher und vor allem der Abend und die Nacht sind die reinste Folter. Am Abend vor der mündlichen Prüfung in Politikwissenschaften – ein Wahlpflichtfach im Pädagogikstudium – gehe ich mit einer Freundin in eine Studentenkneipe. Wir wollen eine Kleinigkeit essen. Danach bestelle ich mein Lieblingsgetränk: Ramazzotti mit einem Schuss Zitronensaft, serviert mit Eis. Weil dieses Getränk auch bei meiner Begleiterin auf Resonanz stößt, achten wir weder auf die Uhr noch auf die Anzahl der Ramazzottis. Als ich eine weitere Runde bestelle, fragt mich die Freundin, was ich denn am nächsten Tag vorhätte. Ich sage: „Nichts Besonderes, eine mündliche Prüfung." Als sie nachfragt und erfährt, dass am nächsten Morgen um 9.00 Uhr meine Diplomabschlussprüfung stattfindet, gerät sie in Panik. Denn es ist 0.30 Uhr und wir sind offenbar schon bei der siebten Runde Ramazzotti angekommen. Sie setzt mich ins Taxi und begleitet mich nach Hause. Morgens um 8.00 Uhr ruft sie mich an, damit ich nicht verschlafe. Ich bin aber bereits wach und trinke den ersten Kaffee. Vom Gefühl her bin ich noch nicht wieder richtig nüchtern. Gleichwohl erscheine ich pünktlich zur Prüfung und bestehe sie. Ich nehme mir vor, mich ab jetzt vor jeder Prüfung zu betrinken, mache ich dann aber natürlich doch nicht. Es muss schließlich einen anderen Weg geben, mit der Prüfungsangst fertig zu werden. Außerdem kann das auch mal schiefgehen... Dieses eine Mal ist es gut gegangen, aber es war ja auch kein Vorsatz dabei, sondern ist sozusagen spontan und aus Versehen passiert. Mit oder ohne Alkoholkonsum im Vorfeld: Ich bestehe alle sechs Prüfungen im ersten Anlauf und darf fortan den akademischen Titel „Dipl.-Päd. (Univ.)" führen.

Wie ist es in Bayern sonst so? – Die Selbstmordrate ist zu hoch

Obwohl ich sehr zügig studiert habe, habe ich in Bayern - speziell in Regensburg - eine Menge erlebt. Das erste halbe Jahr war schwierig: neue Stadt, neue Umgebung, neue Leute und ein Dialekt, der einen Rheinländer in den Wahnsinn treibt. Und auch die trübe Stimmung im Spätherbst und Winter in Regensburg kann einem zu schaffen machen. Im Sommer hat die Stadt geradezu italienisches Flair. Eine schöne Altstadt, enge Gassen, die hohe Kneipendichte, die Universität, die Fachhochschule, die Donau und der Dom machen Regensburg zu einer perfekten und liebenswerten Stadt. Im Sommer spielt sich das Leben in den Straßen und auf den Plätzen der Altstadt ab: eben wie in Italien. Aber im Winter ist es - bedingt durch die Donau - trüb und nebelig. Weil die Stadt recht weit im Osten liegt, ist der Winter sehr kalt. Wenn man Pech hat, hält der dichte Nebel im November mehrere Wochen an und legt sich aufs Gemüt. Anscheinend erwische ich in meinem ersten Semester einen solchen schlimmen Herbst: Tagelang will es gar nicht hell werden. Wenn ich morgens in die Uni gehe, habe ich teilweise gerade mal 20 Meter Sicht. Es ist immer dunkel und weit und breit ist niemand zu sehen. Vielleicht ist das der Grund, warum ich die Stadt anfangs so trüb und melancholisch

Ehrenamtliches Arbeiten im Jugendzentrum – Ravensburg – hier rechts im Bild

erlebe. Am liebsten würde ich den nächsten Zug nehmen und nach Köln fahren. Kommilitonen muntern mich immer wieder auf – Regensburg sei nun mal im Herbst so. Ich solle erst mal den Sommer abwarten, dann würde ich Regensburg bestimmt lieben. Na toll! Ich soll mich noch ein halbes Jahr lang quälen? Ich erfahre, dass ich mit meiner Stimmung wohl nicht allein bin. Die Selbstmordrate in Regensburg sei zu hoch – vor allem im Herbst. Ob sich das statisch belegen lässt, sei dahingestellt. Ausschlaggebend ist die subjektive Wahrnehmung. In einem konkreten Fall habe ich mitbekommen, dass ein junger Mann vom höchsten Gebäude auf den Campus runtergesprungen ist. Und das war tatsächlich an einem grauen, nebeligen Tag im November.

Um nicht in eine Abwärtsspirale zu geraten, verabrede ich mich in meiner Freizeit mit Freunden und arbeite ehrenamtlich in einem Jugendzentrum, in dem jungen Menschen mit Migrationshintergrund betreut werden. Neben der theoretisch-wissenschaftlichen Ausbildung sind praktische Erfahrungen mit jungen Menschen sicher eine gute Ergänzung. Außerdem arbeite ich zwei Mal in der Woche in einer Kneipe, um mein Bafög aufzubessern. Spätestens jetzt habe ich keine Zeit mehr für etwaige Depressionen.

Vergessener Schlüssel, bekiffter Student und ein Professor, der den Begriff Sex nicht verwendet

Nach ca. einem Jahr bin ich in der Stadt und an der Uni gut integriert. Die anfänglichen Probleme wegen Nebel und Melancholie sind verflogen. Auch in meinem Studentenwohnheim habe ich Freunde gefunden und wir unternehmen viel zusammen. Mit einem Nachbarn (ich nenne ihn hier David), der mit mir Pädagogik studiert, verstehe ich mich sehr gut. Er ist nur etwas chaotisch. Seit er bei mir auf dem Gang wohnt, riecht es bei uns im Küchenbereich manchmal etwas komisch. Später erfahre ich, dass er hin und wieder eine Cannabiszigarette raucht. Kann er machen - es ist seine Entscheidung. Nach einem Vierteljahr zieht David aber aus, weil er mit drei Freunden eine WG in der Stadt gründen möchte. Ein spießiges Wohnheimzimmer sei nicht seine Sache. Sein Zimmer übernimmt ein Jurastudent aus Sachsen, den ich leider überhaupt nicht verstehe. Sächsisch ist noch viel schlimmer als jeder bayerische Dialekt. Zum Glück ist er nur mit seinen Kumpels aus Sachsen unterwegs. Offenbar gibt es einen Stammtisch für Studenten aus Sachsen, der ihn ausreichend beschäftigt.

In den Semesterferien - heute sage ich dazu vorlesungsfreie Zeit - fahre ich meistens nach Köln, um meine Eltern und Freunde aus der Studienzeit in Bonn zu treffen. Meistens bleibe ich mehrere Wochen; im Sommer sogar mehrere Monate. Als ich wieder mal an einem Sonntagnachmittag mit dem Zug nach Regensburg zurückfahre, merke ich kurz vor Würzburg, dass ich meinen Schlüsselbund bei meinen Eltern vergessen habe. Eine Rückfahrkarte ist teuer, außerdem habe ich am nächsten Tag ein Seminar und einen Termin mit einem Professor zur Besprechung einer Hausarbeit. Ich beschließe weiterzufahren und mir mein Wohnheimzimmer vom Hausmeister öffnen zu lassen. Außerdem hat er für jedes Zimmer noch einen weiteren Ersatzschlüssel, den ich vorübergehend haben könnte. Am späten Abend in Regensburg angekommen, suche ich den Hausmeister. Er ist weder in seinem Zimmer noch in seinem Büro. In Notfällen kann man ihn zu Hause anrufen, da ist er aber auch nicht. Irgendwie ist er verschollen. Wenn eine Sache schiefgeht, dann aber gründlich! Mir fällt ein, dass bei David in der WG ein Zimmer frei sein könnte. Denn viele Studentinnen Studenten kommen erst am Montag oder Dienstag zurück nach Regensburg. Und siehe da: David sagt mir, dass außer ihm noch keiner da sei. Ich könne bei ihm in der WG übernachten. Die Wohnung ist wirklich sehr groß, aber es ist so chaotisch und unaufgeräumt, dass man kaum durchkommt. David betont, dass es nicht immer so aussehen würde. Es sei nur ausnahmsweise so, weil sie gestern eine große Party mit mehr als

100 Gästen gefeiert hätten. Ehrlich gesagt, sieht es in dieser WG (mit oder ohne Party) immer so aus. Egal, ich bin auch kein besonders ordentlicher Mensch. Eine halbe Stunde später sagt mir David, dass er bei seiner Freundin übernachten wird. Ich solle mich wie zu Hause fühlen. Im Kühlschrank gäbe es noch was zu essen und ich solle morgens beim Rausgehen einfach die Tür zuziehen. Und schwups, ist er weg.

Am nächsten Tag habe ich von 10.15 bis 11.45 Uhr ein Hauptseminar zum Thema Sexualpädagogik und später den erwähnten Termin für die Hausarbeit. Am Morgen wage ich einen Blick in den WG-Kühlschrank: Etwas Käse und Butter entdecke ich, Kaffee hatte ich bereits gefunden. Mehr brauche ich gar nicht. Die Konsistenz der Butter ist zwar etwas komisch, aber ich bin nicht wählerisch. Tatsächlich bin ich froh, dass ich für diese Nacht ein Dach über dem Kopf gefunden habe. Mit Davids klapprigem Fahrrad fahre ich zur Uni. Die Seminarunterlagen habe ich dabei, weil ich mich im Zug vorbereitet hatte. An der Uni angekommen, fühle ich mich nicht richtig wohl. Erst ist mir etwas mulmig, aber kurz darauf schon finde ich alles unglaublich lustig. Auf dem Weg ins Hauptseminar treffe ich eine Kommilitonin. Sie fragt mich, wie es mir geht, und ich breche vor Lachen fast zusammen. Sie ist irritiert, weil sie mich so nicht kennt. Und überhaupt, was ist an der Frage „Wie geht es dir?" lustig? Unser Hauptseminar wird von einem älteren Professor geleitet. Irgendwie schafft er es, ein Hauptseminar zur Sexualpädagogik zu halten, ohne den Begriff „Sex" zu verwenden. Zumindest habe ich dieses Gefühl. An diesem Tag bin ich besonders mutig und kritisiere das, begleitet von allseitigem Gelächter und Gekicher. Alle Kommilitoninnen amüsieren sich. Ich rede mich um Kopf und Kragen und habe dabei ziemlich viel Spaß. Der Professor ruft mich zur Ordnung, aber vergeblich. Er fragt mich, ob ich irgendwelche Drogen genommen hätte. Meine Antwort ist lautes Lachen. Die Kommilitonen greifen ein und geben zu bedenken, dass ich nicht einmal rauche. Dem Professor wird das alles zu bunt und bittet mich, die Veranstaltung zu verlassen. Meine Antwort: Lachen und

Kichern. Zwei kräftige Studenten helfen mir schließlich auf die Beine. Draußen bleibe ich eine Weile auf dem Boden sitzen. Später fahre ich nach Hause.

Vielleicht ist ja der Hausmeister inzwischen da. Ist er, und ich beschwere mich darüber, dass ich ihn gestern nicht angetroffen habe. Ich bin mutig. Wer einen Professor kritisieren kann, der kann erst recht den Hausmeister zusammenfalten. Überraschenderweise entschuldigt er sich und betont, dass das nicht wieder vorkommen wird. Was ist denn jetzt los? Dieser kauzige Hausmeister, der sonst jeden anraunzt, entschuldigt sich bei mir? Irgendetwas stimmt hier nicht. Ich lege mich ins Bett und schlafe ein. Den Termin mit dem Professor verschlafe ich. Erst gegen Abend werde ich vom Klingeln des Telefons geweckt. David ist dran und fragt mich, was ich mit der Butter gemacht hätte. Ist er etwa sauer, weil ich von seiner Butter und seinem Käse gegessen habe? Ich denke nur „typisch deutsch!" und sage ihm, dass ich ihm demnächst zwei Pakete Butter und Käse vorbeibringen werde. Aber jetzt solle er mich in Ruhe lassen. Ich lege den Hörer auf und gehe wieder ins Bett. Eine halbe Stunde später steht David vor meiner Tür und fragt wieder nach der Butter. Ich bin fassungslos. Wie kann man nur so geizig sein? Ich werde ihm die blöde Butter ja ersetzen. Aber es geht ihm gar nicht um die Butter, sondern um meine Gesundheit. Die Butter war mit Haschisch präpariert und wurde auf der Party den Gästen angeboten, die nicht rauchen konnten oder wollten. Und ich habe davon heute Morgen reichlich gegessen. Im Nachhinein erklärt das so einiges.

Als ich am nächsten Tag wieder in die Uni gehe, fragt mich meine Nachbarin, ob ich schon das Neuste wisse. Das Neuste? Ist mein gestriger Auftritt im Hauptseminar etwa auch hier im Wohnheim schon ein Thema? Die Nachbarin erzählt mir, dass der kauzige, dicke Hausmeister ein Verhältnis mit Angela aus der dritten Etage habe. Deshalb sei er am Sonntag nicht zu erreichen gewesen. Die attraktive 21-jährige Angela und der dicke 50-jährige Hausmeister sind ein Paar? Sachen gibt es.

Immerhin erklärt das, weshalb er sich so kleinlaut bei mir entschuldigt hat.

Regensburg ist schön – aber es gibt keinen Job für mich

Nach den bestandenen Prüfungen versuche ich eine Stelle als Pädagoge zu finden. Es zeigt sich aber, dass das gar nicht so einfach ist. Jeder weiß, was ein Sozialarbeiter oder ein Sozialpädagoge macht. Aber was macht ein Diplom-Pädagoge, der eine theoretische Ausbildung mit einem Universitätsabschluss hat? In die Forschung gehen? Kein Interesse, außerdem sind keine Stellen frei! Konzeptionelles Arbeiten in Bildungseinrichtungen? Kein Bedarf! Stellen für Pädagogen werden kaum ausgeschrieben, und wenn ich mich auf Sozialpädagogenstellen bewerbe, hagelt es nur Absagen. Weil ich mit dem Studium fertig bin, kann ich auch nicht mehr im Studentenwohnheim bleiben. Vorübergehend ziehe ich als Untermieter in eine Dreier-WG von Chemiestudentinnen. Eine von ihnen macht ein Auslandssemester in Irland und möchte ihr Zimmer untervermieten. Ich bekomme das Zimmer und wohne für ein halbes Jahr mit zwei Chemiestudentinnen zusammen. Sie sind sehr nett und gesprächig und betreiben auch keine heimlichen Labore in ihren Zimmern. Zwischenzeitlich finde ich eine befristete Projektstelle auf Honorarbasis in Tirschenreuth. Nie gehört? Tja, ging mir ebenso. Tirschenreuth liegt ganz tief in Ostbayern an der Grenze zu Tschechien. Hier soll ich türkeistämmige Langzeitarbeitslose für den Arbeitsmarkt fit machen. Eine sehr heterogene Gruppe, die Altersspanne reicht von 20 bis 60 Jahren, die Ältesten sprechen kaum Deutsch. Eine weitere Schwierigkeit: Die meisten möchten gar nicht für den Arbeitsmarkt fit gemacht werden, aber sie müssen an dem Kurs teilnehmen, um weiterhin Arbeitslosenhilfe zu bekommen.

Als ich an einem Freitagnachmittag in mein WG-Zimmer komme, liegt eine aufgeschlagene Zeitung auf meinem Bett. Ich vermute, dass eine meiner Mitbewohnerinnen sie hat liegen lassen. Es ist abgesprochen, dass sie mein Zimmer mitbenutzen können, wenn ich nicht in Regensburg bin. Am Freitagabend treffe ich einige Freunde und komme erst in Morgengrauen nach Hause. Alles, was auf dem Bett liegt, werfe ich auf den Boden und lege mich schlafen. Als ich mittags in der Küche eine Mitbewohnerin antreffe, fragt sie mich nach der Zeitung, sie habe sie mir extra aufs Bett gelegt. Ich sage nur: „Keine Ahnung, vermutlich liegt sie auf dem Boden." Sie ist entsetzt: „Mensch Ahmet, ich habe dir eine Stellenausschreibung aus der Zeitung ausgeschnitten. Die suchen einen Pädagogen, der fließend Türkisch und Deutsch spricht. Die suchen dringend einen Mann. Ich kenne nur einen von der Sorte. Wie viele kennst du denn?" Ich bemerke den Ernst der Lage und sprinte in mein Zimmer. Dort finde ich die Ausschreibung zwischen Kopfkissen und Jeans. In der Tat: Die Arbeiterwohlfahrt München sucht einen Türkisch sprechenden Pädagogen, der Anti-Gewalt-Trainings mit straffällig gewordenen türkischen Jungs nach Paragraph 10 JGG durchführen soll. Ich habe zwar keine Ahnung, was JGG ist, und Anti-Gewalt-Trainings habe ich auch noch nie gemacht. Aber ich bewerbe mich trotzdem und bereite mich gründlich auf das Gespräch vor. JGG bedeutet Jugend-Gerichts-Gesetz und in Paragraph 10 sind die erzieherischen Maßnahmen geregelt, die ein Richter anordnen kann. Über Anti-Gewalt-Trainings kann ich nicht viel erfahren. Aber ich finde heraus, dass man in Frankfurt eine berufsbegleitende Zusatzausbildung machen kann.

Zehn Tage später werde ich zu einem persönlichen Gespräch nach München eingeladen. Das Vorstellungsgespräch läuft ganz gut. Ich blamiere mich nicht mit Unwissenheit. Als der Abteilungsleiter der Jugendhilfe mich fragt, ob ich mir zutrauen würde, Anti-Gewalt-Trainings mit Mehrfachtätern durchzuführen, antworte ich: „Eigentlich nicht. Aber wenn ich die berufsbegleitende Ausbildung in Frankfurt machen kann, dann ja." Er wirkt überrascht. In seinen Unterlagen kramt er eine Mappe heraus und legt sie mir vor. Es ist ein Arbeitsvertrag. Er sagt: „Wenn Sie wollen, können Sie den Vertrag unterschreiben und in zwei Wochen anfangen." Jetzt bin ich überrascht. Leicht verunsichert frage ich: „Bin ich der einzige Bewerber?" Da ich in fünf Wochen mein Zimmer in Regensburg räumen muss und mein Projekt in Tirschenreuth in einigen Tagen ausläuft, unterschreibe ich den Vertrag und suche mir eine Wohnung in München.

In München arbeite ich in Vollzeit. Ich betreue Jugendliche, die mehrfach straffällig geworden sind. Das ist eine klassische Stelle für Sozialarbeiter/Sozialpädagogen. Ein Teil der Tätigkeit besteht darin, diese Jugendlichen in Einzelgesprächen zu ihrer Lebensplanung zu beraten. Außerdem soll ich Trainings mit Jugendlichen durchführen, die eine richterliche Weisung haben. Das heißt, keiner von ihnen kommt freiwillig zu mir, sondern ihnen droht Jugendarrest, wenn sie nicht kommen. Bevor ich mit den Trainings anfange, soll ich ein Kurskonzept schreiben. Das kann ich. Schließlich habe ich eine theoretische Ausbildung. Parallel dazu melde ich mich zu der berufsbegleitenden Ausbildung im Frankfurt an. Die Ausbildung erstreckt sich über ca. 18 Monate und kostet ca. 4.500 DM. Mit Anreise und Übernachtungen wären 6.000 DM realistisch. Mein Arbeitgeber ist bereit, die Gesamtkosten zu übernehmen, wenn ich mich ihm für fünf Jahre verpflichte. Ich lasse mich darauf sehr gerne ein.

Weil wir vom Jugendamt finanziert werden und es eine lange Warteliste gibt, muss der erste Kurs zeitnah beginnen. Außerdem haben sich im Januar des Jahres 1998 ca. 70 türkische und albanische Jugendliche zu einer Massenschlägerei in München verabredet. Es gab viele Verletzte, sogar einen Toten. Sechs Wochen nach dieser Schlägerei nehme ich meine Arbeit auf. Vielleicht ist sie sogar der Grund dafür, dass ich so schnell eingestellt wurde. Jedenfalls ist diese Schlägerei in München ein

Politikum und wird sogar ein Wahlkampfthema für den Bundestag.

Um die Jugendlichen kennenzulernen und auch bei den zuständigen Jugendrichtern in München vorstellig zu werden, besuche ich sehr viele der Jugendgerichtsverfahren gegen die türkischen Jungs. Bei einem Verfahren kommt der Staatsanwalt auf mich zu und sagt, dass ich an der falschen Stelle Platz genommen hätte. Meine erfahrene Kollegin, die seit Jahren Jugendgerichtshilfe macht, klärt die Situation: „Darf ich Ihnen meinen Kollegen Herrn Toprak vorstellen? Er macht bei uns in Zukunft die Anti-Gewalt-Trainings. Er hospitiert gerade." Der Staatsanwalt ist peinlich berührt, weil er dachte, ich sei der angeklagte Jugendliche. Nach einem halben Jahr kennen mich alle Jugendrichterinnen und Jugendrichter und einige Staatsanwälte. Ein Verfahren im Spätherbst 1998 interessiert mich besonders. Fünf türkische Jungs sind angeklagt, im Januar am Stachus - ein zentraler Platz in der Münchener Innenstadt - in eine Massenschlägerei verwickelt gewesen zu sein. Wahrscheinlich werden diese Jungs u.a. ein Anti-Gewalt-Training als Auflage bekommen. Der Haupttäter ist nicht unter ihnen, er sitzt in Untersuchungshaft. Ich nehme wieder mit meiner Jugendgerichtshilfekollegin an der Verhandlung teil. Das Verfahren ist nicht nur komplex, sondern auch sehr gut besucht. Die Richterin versucht herauszubekommen, warum die Jungs am Stachus waren. Die fünf werden nacheinander vernommen, und zwar so, dass keiner weiß, was die anderen gesagt haben. Die ersten drei geben immer die gleichen Antworten. Wenn die Richterin fragt, warum sie da waren, sagen sie, dass sie nur einem Freund helfen wollten. Worum es bei der Auseinandersetzung genau ging, wüssten sie nicht. Das Einzige, was sie wüssten, sei, dass ein Freund Probleme mit einem Albaner habe, und dem habe man beistehen müssen. Da frage man nicht nach dem Grund. Für einen Freund müsse man immer da sein, egal was los ist. Die Richterin ist unzufrieden und wird allmählich ungeduldig. Bei der Befragung des vierten Jugendlichen platzt ihr der Kragen, weil auch er die gleichen Antworten zu

Protokoll gibt. Sie unterbricht die Verhandlung und bittet alle Beteiligten, den Saal zu verlassen. Anwälte, Angeklagte, der Staatsanwalt, die Jugendgerichtshilfe und die Zuschauer verlassen den Sitzungsraum. Auch ich bewege mich in Richtung Ausgang. In diesem Moment höre ich, dass die Richterin „ Herr Toprak, Sie bleiben hier!" ins Mikrofon bellt. Ich bin leicht irritiert. Nicht, dass sie mich mit einem der Jugendlichen verwechselt... Ich gehe zum Richterpult und sage: „Also, ich war an diesem Tag nicht am Stachus!" Die Richterin entschuldigt sich. Sie hat das Gefühl, dass die Jugendlichen wirklich nicht wüssten, worum genau es bei dem Konflikt ging, und wollte meine Einschätzung dazu hören. Ich erkläre, dass die Jungs authentisch auf mich wirken. Weil sie aufgrund ihres besonderen Freundschaftskonzepts nicht nach dem Grund der Auseinandersetzung gefragt haben, heißt das nicht, dass sie lügen oder sich im Vorfeld abgesprochen hätten. Nach diesem Freundschaftskonzept sei es nun mal verpönt, nach dem Grund zu fragen. Entscheidend sei, dass einer aus der Gruppe Unterstützung brauche, so meine weiteren Ausführungen. Die Richterin bedankt sich bei mir und ich darf den Saal verlassen.

Theoretische Ausführungen liegen mir, aber mein erstes Anti-Gewalt-Training ist ein Flop. Die Jugendlichen sind höflich und bemüht mitzuarbeiten. Anscheinend arbeite ich aber zu viel mit Texten – und Mehrfachgewalttäter sind nicht unbedingt ausgewiesene Leseratten. Tatsächlich sind einige halbe Analphabeten. Als ein Jugendlicher zu mir sagt: „Ahmet Abi, du bist sehr nett. Aber dein Kurs ist voll scheiße!", freue ich mich umso mehr auf meine Zusatzausbildung in Frankfurt.

„Der Türke hat sich die Blondine gekrallt"

Meine Ausbildung zum Anti-Aggressivitäts-Trainer beginnt im Herbst 1998. Es besteht aus sieben jeweils dreitägigen Modulen. Dazwischen liegen zwei- bis dreimonatige Pausen, in denen die Teilnehmerinnen und Teilnehmer die gestellten Aufgaben erledigen sollen. Der Kurs beginnt in der Regel mittwochs und endet freitags. Um auf jeden Fall pünktlich einzutreffen, nehme ich einen Zug früher. Auf der Fahrt sehe ich mir die Kursunterlagen an: Ein Professor aus Hamburg soll uns die Methoden der Konfrontativen Pädagogik nahebringen. Wir werden lernen, wie die Konfrontationstechniken eingesetzt werden. Dazu gehört auch, dass wir konfrontiert oder provoziert werden, beispielsweise, indem wir uns auf den sogenannten heißen Stuhl setzen. Übungen dieser Art nehmen bei der Ausbildung breiten Raum ein. Ich finde das Kurskonzept überzeugend: Schließlich müssen wir einschätzen lernen, wie Konfrontation und Provokation auf die Betroffenen wirken. Ich freue mich auf die praktische Arbeit und Ausbildung. Von Theorie habe ich genug und Fußnoten kann ich nicht mehr sehen. Ich komme frühzeitig in Frankfurt an und beziehe mein Zimmer. Um 13.00 Uhr sollen wir im Seminarraum sein, doch das Institut ist sehr verschachtelt und ich kann den Raum nicht finden. Auf den Gängen treffe ich eine Frau, die auch auf der Suche ist. Anscheinend haben wir das gleiche Ziel. Wir suchen zusammen weiter und kommen schließlich ein paar Minuten zu spät. Die Seminarteilnehmerinnen und -teilnehmer und der Ausbilder sitzen bereits an den Tischen. Noch bevor wir uns entschuldigen können, sagt der Seminarleiter: „Typisch Türke, kommt zu spät und krallt sich auch noch die Blondine!" Wir sind beide sprachlos. Was ist denn das für ein Ton? Dieser Professor schafft es in einem Satz nicht nur rassistisch zu sein, sondern auch sexistisch. Aber dann erinnere ich mich an die Seminarunterlagen und denke, dass der Dozent uns provozieren möchte, um unsere Reaktion zu testen. Er macht gerade seinen Job. Ich sammle mich schnell und sage spontan: „Na ja, wie Sie aussehen, bekommen Sie erst keine Blondine ab!" Ich bin sofort entsetzt über meine Aussage und vermutlich rot vor Scham, entschuldige mich aber nicht. Er hat schließlich damit angefangen. Die anderen Teilnehmerinnen, meine Begleiterin und der Dozent reagieren darauf nicht weiter und der Kurs beginnt.

Das Seminar ist gut aufgebaut, neben vielen praktischen Elementen ist es auch theoretisch fundiert. Wir lernen nicht nur, wie wir mit den Jugendlichen arbeiten sollen, sondern bekommen durch Vorträge und Gruppenarbeiten auch Hintergrundwissen darüber, wie Jugendgewalt entsteht. Ich bin sehr interessiert und mache bei allen Einheiten motiviert mit. Am zweiten Abend lädt uns der Ausbilder zu einem Glas Wein ein. Bei den meisten bleibt es aber nicht bei einem Glas, auch nicht bei unserem Professor. Für einen Professor finde ich ihn sehr jung und locker, ganz anders als die Typen, die mir während des Studiums in Bonn und Regensburg begegnet sind. Der Abend ist schon fortgeschritten und ich möchte mich verabschieden, als er zu mir sagt: „Ahmet, ich denke, dass du promovieren solltest. Die meisten Profs an den Hochschulen sind alte Säcke. In zehn Jahren werden sehr viele Stellen frei. So einen wie dich können die Hochschulen gut gebrauchen. Du hast das Zeug dazu." Ich bin völlig von den Socken. Warum sollte ich das Zeug zum Professor haben? Hat er nicht vor ein paar Stunden meine biografischen Daten für den heißen Stuhl aufgenommen? Ich nehme an, dass er mich in angetrunkenem Zustand auf die Schippe nimmt, nehme es nicht ernst und gehe schlafen.

Auf der Rückfahrt nach München komme ich aber doch ins Grübeln. Glaubt er wirklich, dass ich Professor werden kann? Ich bin seit knapp einem Jahr mit dem Studium fertig und fühle mich immer noch als Student. Das ist doch weit außerhalb meiner Reichweite und seit wann werden „Türken" Professor? Ich kenne keinen und habe bis dahin weder einen gesehen noch von einem gehört. Trotzdem beschäftigt mich dieses Thema weiter, obwohl ich mir geschworen hatte, nie wieder wissenschaftlich zu arbeiten: eben keine Fußnoten mehr. Ich rufe den Professor in Hamburg an, um zu fragen, ob seine Einschätzung ernst gemeint war. Er sagt nur: „Wie, hast du etwa mit der Promotion noch nicht angefangen?" Danach legt er auf. Ende der 1990er-Jahre ist das Internet noch nicht so allgegenwärtig wie heute, aber doch sehr informativ. Ich sehe mir die berufsbiografischen Daten von Professorinnen und Professoren an Fachhochschulen an und recherchiere, welche formalen Qualifikationen benötigt werden. Das Wichtigste ist in der Tat eine qualifizierte Promotion - eine Note, die ich nicht wirklich verstehe (magna cum laude), wird vorausgesetzt. Außerdem werden fünf Jahre Berufserfahrung - drei davon außerhalb der Hochschule -, Publikationen und Lehrerfahrung erwartet. Nichts davon kann ich vorweisen. Aber mit meinem Abschluss habe ich die formale Zulassung für ein Promotionsstudium. Immerhin!

Trotzdem gebe ich den Gedanken zwischendurch auf. Meine Trainings mit den Jungs laufen ganz gut und mein Arbeitgeber ist hoch zufrieden mit mir. Bei meinem Vorgesetzten rege ich an, dass es besser wäre, mit einem zweiten Trainer zu arbeiten. In der Ausbildung wird dringend empfohlen, einen Kurs immer als Tandem zu leiten. Mein Chef sagt, dass wir niemanden fest einstellen können, aber eine Honorarkraft können wir uns leisten. Ich mache mich auf die Suche und finde eine junge türkeistämmige Psychologin, die gerade promoviert. Sie fängt als Honorarkraft an. Mit der Zeit werden wir Freunde und sprechen nicht nur über Berufliches (gewalttätige Jungs, Optimierung des Trainings), sondern auch übers Promovieren. Sie rät mir, es zu versuchen, zu verlieren hätte ich schließlich nichts. Das ist übrigens immer meine Einstellung gewesen.

11. September 2001 – Grund zur Feier an einem schwarzen Tag

Auf Empfehlung der Freundin suche ich die Sprechstunde ihres Psychologieprofessors an der Universität München auf. Vielleicht hat er Interesse daran, mich als Doktorvater zu betreuen. Leider wird daraus nichts, aber er gibt mir einen entscheidenden Tipp: Ich solle lieber in meinem Hauptfach Pädagogik promovieren und mir einen Doktorvater suchen, den ich bereits kenne. Sofort denke ich an Herrn Dr. Pollak, mit dem ich bei meiner Diplomarbeit gute Erfahrungen gemacht habe. Aber seinerzeit war er in Regensburg Privatdozent, hatte also keine Professur mit Lehrstuhl inne. Abgesehen davon wird er nicht mehr auf der Homepage der Universität Regensburg geführt. Als ich seine Nummer im Telefonbuch finde, fasse ich mir ein Herz und rufe ihn zu Hause an. Er kann sich tatsächlich an mich erinnern - und keine zehn Minuten später habe ich einen Doktorvater. Er hat mittlerweile eine Professur in Passau inne und deshalb müsste ich dort promovieren. Ich denke mir, lieber Passau als Kiel. Auf meine Frage, ob ich ihm ein Exposé zusenden soll, antwortet er: „Nein, brauche ich nicht. Ich weiß ja, dass Sie zielstrebig sind und grundsolide arbeiten. Ein Exposé verlange ich nur von Doktoranden, die ich nicht kenne oder von denen ich nicht überzeugt bin. Beides trifft auf Sie nicht zu!" Eigentlich ist das eine sehr schöne Rückmeldung, die mich aber gehörig unter Druck setzt.

Schließlich schreibe ich mich im Wintersemester 1999 an der Universität Passau als Promotionsstudent ein. Das Promotionsstudium ist ähnlich aufgebaut wie ein Diplom- oder Magisterstudium. Neben dem Hauptfach brauche ich zwei Nebenfächer. Da mein Zweitgutachter ein Schulpädagogik-Professor ist, wähle ich Schulpädagogik und natürlich Psychologie. In diesen Fächern muss ich insgesamt drei Haupt- oder Oberseminare belegen. Um das Studium zu finanzieren, bewerbe ich mich für ein Stipendium. Von einer parteinahen Stiftung bekomme ich zunächst für zwei Jahre ein Promotionsstipendium. Ich muss dieses dann aber leider zurückweisen, weil die Stiftung eine Förderung ablehnt, wenn ich erwerbstätig bleibe, d.h. ich müsste kündigen. Stattdessen reduziere ich meine Arbeitszeit von 40 auf 30 Stunden, schließlich brauche ich für eine mögliche Professur auch Berufserfahrung. Außerdem gefällt mir die Arbeit mit den Jugendlichen sehr gut. Die Hauptseminare erledige ich relativ zügig und widme mich dann dem Kern des Ganzen: der Dissertationsschrift. Es soll eine empirische Studie werden und weil ich schon während des Diploms empirisch gearbeitet habe, fällt es mir nicht schwer, die Interviews auszuwerten. Während andere Doktoranden sich noch in die empirischen Forschungsmethoden einarbeiten, habe ich bereits meine Interviews für die Doktorarbeit abgeschlossen. Ich muss sie „nur" noch auswerten und in einen theoretischen Rahmen setzen. Die Arbeit macht mir großen Spaß: Am 9. Februar 2001 reiche ich zu meiner und der Überraschung anderer die ca. 270 Seiten starke Arbeit mit dem Titel „Auf Gottes Befehl und mit dem Worte des Propheten möchte ich deine Tochter für meinen Sohn – Auswirkungen des Erziehungsstils auf die Partnerwahl und die Eheschließung bei türkischen Migranten der zweiten Generation in Deutschland" an der Philosophischen Fakultät der Universität Passau ein. Ob ich die gewünschte Note „magna cum laude" erreiche, bleibt abzuwarten. Aber das Werk ist eingereicht und ich bin erleichtert. Die beiden Gutachter haben nun ein halbes Jahr Zeit. Sollte die Arbeit angenommen werden, muss ich ins Rigorosum. Dieses besteht aus drei voneinander getrennten mündlichen Prüfungen: eine einstündige im Hauptfach und jeweils 30 Minuten in den beiden Nebenfächern. Laut der Promotionsordnung sollen alle Prüfungen in der gleichen Woche stattfinden. Ich bereite mich zwar darauf vor, aber eher halbherzig, weil ich nicht weiß, zu welchem Ergebnis die Gutachter gekommen sind. Am zweiten August – also eine Woche vor Fristende – rufe ich im Dekanat an, um zu erfahren, ob die Gutachten vorliegen. Leider Fehlanzeige. Am 8. August probiere ich es erneut und siehe da: Immerhin die Einschätzung des Zweitgutachters ist da. Zu meiner Überraschung sagt mir der Sachbearbeiter die Note. Er könne mir nicht zumuten, dass ich deswegen extra nach Passau kommen muss. Der Zweitgutachter gibt mir ein „magna cum laude". Ich kann es gar nicht glauben. Jetzt fehlt mir nur noch die Beurteilung meines Doktorvaters. Aber ich bin nicht mehr ganz so aufgeregt, weil ich davon ausgehe, dass die beiden Herren sich abgesprochen haben. Nur: Wenn der Erstgutachter die Note bis zum 9. August nicht einreicht, kann ich mein Rigorosum erst im Frühjahr 2002 machen. Das hieße, ich müsste qualvolle sechs Monate warten. Am letzten Tag rufe ich um kurz vor 17.00 Uhr im Dekanat an und der Sachbearbeiter teilt mir mit, dass das Erstgutachten leider immer noch nicht vorliege. Ich solle mir aber keine Sorgen machen, das Rigorosum würden wir noch in diesem Semester hinbekommen. Professor Pollak sei ja Dekan und auf dem kurzen Dienstweg sei das kein Problem. Ich bleibe trotzdem skeptisch, habe aber keine Handhabe. Fünf Minuten später klingelt das Telefon, es ist das Dekanatsbüro: Herr Professor Pollak hat soeben das Gutachten vorbeigebracht, sozusagen in allerletzter Sekunde. Und die Note passt, er bewertet die Arbeit ebenso mit „magna cum laude".

Jetzt intensiviere ich meine Vorbereitungen auf das Rigorosum. Weil es schwer ist, drei vielbeschäftigte Professoren in einer Woche nach Passau zu bekommen, lege ich die mündliche Prüfung in Psychologie bereits Ende August ab. Die beiden pädagogischen Prüfungen sollen am 10. und 11. September stattfinden. Ich beantrage Urlaub und nehme mir für zwei Nächte ein Zimmer in Passau. Da ich Psychologie bereits bestanden habe, bin ich nicht übermäßig aufgeregt. Außerdem bin ich sehr gut vorbereitet und mündliche Prüfungen liegen mir. Am 11. September 2001 habe ich meine letzte Prüfung im Hauptfach. Sie ist für 15.00 Uhr angesetzt und dauert eine Stunde. Die beiden Prüfer nutzen die Zeit bis zur letzten Sekunde, danach muss ich draußen warten. Vor der Tür stehen mindestens 20 Studentinnen und Studenten Schlange, die Herrn Professor Pollaks Sprechstunde besuchen wollen. Eine Studentin möchte sofort reinstürmen. Ich bitte sie zu warten, weil die beiden Herren noch über meine Note beraten würden. Vor der Tür ergibt sich der folgende Dialog:

Sie: Sag mal, was ist das für eine Prüfung?
Ich: Eine Abschlussprüfung.
Sie: Wie? Hast du schon Vordiplom oder was?
Ich: Nein!
Sie: Hast du etwa schon Diplom?
Ich: Nein. Das war mein Rigorosum!
Sie: Was ist das denn?
Ich: Das ist eine Prüfung für...

In diesem Moment geht die Tür auf und Herr Professor Pollak sagt zu mir: „Kommen Sie doch bitte kurz rein, Herr Doktor Toprak." Er teilt mir die Note mit, und als ich sein Büro verlasse, wendet er sich an die Wartenden: „Keine Sorge, alle kommen heute dran. Wer war denn zuerst da?" Die meisten Studenten beachten ihn aber gar nicht, sondern starren mich entgeistert an.

Nach der Prüfung bin ich mit einer ehemaligen Kommilitonin aus Regensburg verabredet, die in Passau wohnt. Eine halbe Stunde nach der Prüfung ruft mich meine Freundin an. Ich denke, dass sie mir gratulieren möchte. Sie ist sehr aufgeregt und sagt, ich solle in eine Kneipe gehen und fernsehen. Meine Lebensgefährtin, die sonst häufig fordert, ich solle meinen Fernsehkonsum reduzieren, bittet mich, am Nachmittag in einer Kneipe Fernsehen zu schauen?! Ich frage mich, ob sie eifersüchtig auf meine Kommilitonin Silvia ist. Aber sie klingt ernsthaft alarmiert. Auf meine Frage, ob sie mir nicht gratulieren möchte, schließlich sei ich seit einer halben Stunde Doktor der Philosophie, antwortet sie lapidar: „Das war doch klar. Aber nimm jetzt die Silvia mit in die Kneipe und esst was zusammen." Ich bin etwas ratlos, aber schließlich gehen wir in eine Kneipe. Auch die Passauer sind heute komisch, bleiben vor den Kneipen stehen und schauen auf die Bildschirme. Was wir dann sehen, wirkt zunächst wie ein Film. Aber die Mienen der Menschen deuten auf eine ernste Sache hin. Wir bitten den Wirt, den Ton aufzudrehen. Da erst erfahren wir, dass es sich nicht um einen Actionthriller handelt, sondern um die Attentate des 11. September. Und ich bin seit diesem Tag „Dr. phil."

Einbürgerung: „Ich weiß nicht, ob Sie Deutsch können"

In der aktuellen Integrationsdebatte wird immer wieder betont, dass die hier lebenden Türkinnen und Türken sich nicht zu Deutschland bekennen würden. Das könne man auch daran sehen, dass sehr viele nicht bereit wären, sich einzubürgern. Ich habe damit keinerlei Probleme. Eher ist es der türkische Pass, der mir Schwierigkeiten bereitet. Ich kann damit nicht einfach nach England oder in die USA reisen. Ende der 1990er-Jahre ist es auch nicht immer leicht, sich mit dem türkischen Pass in Europa zu bewegen. So beschließe ich Ende 1998, mich einzubürgern. Die für den Antrag nötigen Unterlagen trage ich zusammen – es sind ziemlich viele. Ich soll nicht nur straffrei gelebt haben, sondern mich auch mindesten seit sieben Jahre in Deutschland befinden, einen Miet- und Arbeitsvertrag und Deutschkenntnisse nachweisen, um nur die wichtigsten Kriterien aufzulisten. Ich reiche alle Unterlagen bei der für mich zuständigen Ausländerbehörde – in München heißt sie sperrig Kreisverwaltungsreferat – ein. Schon nach zwei Wochen erhalte ich einen Brief von dem Sachbearbeiter, der meinen Vorgang bearbeitet. Dort wird ausgeführt, dass meine Unterlagen nahezu vollständig sind. Es fehlt einzig ein Nachweis über meine Deutschkenntnisse. Ich bin fassungslos: Er weiß doch, dass ich Deutsch spreche. Am nächsten Tag werde ich beim Sachbearbeiter vorstellig und versichere ihm, dass ich fließend Deutsch spreche. Meine Ausführungen lassen ihn völlig kalt; was er braucht, ist ein Dokument für die Akte. Ich verweise auf mein Diplomzeugnis von der Universität Regensburg. Schließlich sei die Vorlesungssprache dort Deutsch gewesen. Außerdem hätte ich ein Prädikatsexamen. Ein deutscher Beamter lässt sich aber von solchen Nichtigkeiten nicht beeindrucken und Herr Meier legt los: „Herr Toprak, laut Ihrem Zeugnis haben Sie Erziehungswissenschaft I, Erziehungswissenschaft II, Psychologie und Politikwissenschaft belegt. Ich kann hier nicht erkennen, ob Sie Deutsch können. Bitte bringen Sie mir ein Zeugnis aus der Schule, in dem ‚Deutsch' und ‚Gesellschaftskunde' mindestens mit der Note ‚befriedigend' bewertet sind." Ich kann das nicht glauben. Er akzeptiert ein Diplomzeugnis aus einer bayerischen Universität nicht als Nachweis guter Deutschkenntnisse. Stattdessen soll ich ihm ein Zeugnis aus der Schulzeit vorlegen? Soweit ich mich erinnern kann, haben wir meine Originalzeugnisse aus der Hauptschule im türkischen Erziehungsministerium eingereicht, damit ich aufs Gymnasium kann.

Ich rufe trotzdem bei meiner Mutter an. Vielleicht gibt es irgendwo noch eine Kopie eines Zeugnisses aus der Kölner Schulzeit. Und tatsächlich findet meine Mutter ein Originalzeugnis aus dem zweiten Halbjahr der 6. Klasse und schickt es mir. Und wieder gibt es ein Problem: In Erdkunde und Geschichte habe ich zwar eine Drei, aber die Deutschnote „ausreichend" macht mir Sorgen. Ich beschließe, das Zeugnis trotzdem bei der Ausländerbehörde einzureichen, mache mir aber keine großen Hoffnungen. Wenn Herr Meier ein Prädikatsexamen von der Uni Regensburg nicht akzeptiert, warum soll er ein Kölner Hauptschulzeugnis aus dem Jahre 1983 anerkennen? Ich gebe ihm das Zeugnis, er studiert das Dokument kurz und heftet es ab. Dann sagt er: „Wunderbar, Herr Toprak. Jetzt haben wir die Unterlagen zusammen. Ich sende Ihnen bald das Dokument für die türkischen Behörden zu. Sobald die Türkei Sie ausbürgert, ist die Sache erledigt." Weil der deutsche Staat formal die doppelte Staatsbürgerschaft damals ablehnt, muss ich mich erst ausbürgern. Das Ausbürgerungsverfahren dauert ca. ein Jahr. Im März 2000 bekomme ich von Herrn Meier einen deutschen Reisepass und einen deutschen Personalausweis ausgehändigt: ganz trocken und unfeierlich. Vor meinen Augen schreddert er meinen türkischen Reisepass mit der Bemerkung „den brauchen Sie jetzt nicht mehr". So unsexy kann eine Einbürgerung in Bayern ablaufen.

Mein besonderes Verhältnis zur bayerischen Polizei oder: „Den Doktor habe ich in Brasilien gekauft"

Anfang des Jahres 2016 steht die Kölner Polizei in der Kritik, weil sie massenhaft verübte Straftaten in der Silvesternacht nicht verhindern konnte. Vor allem arabisch aussehende junge Männer belästigen Frauen sexuell und beklauen sie. In der

Silvesternacht und den folgenden Tagen gehen mehrere hundert Anzeigen bei der Kölner Polizei ein: Es geht überwiegend um sexuelle Belästigung, versuchte Vergewaltigung und Diebstahl. Da die Polizei von allen Seiten kritisiert wird, steht sie unter enormem öffentlichen Druck. So ein Fall darf sich auf keinen Fall wiederholen. Und die Kölner Polizei bereitet sich akribisch auf den Silvesterabend 2016/2017 vor. Anfang des Jahres 2017 sieht sich die Kölner Polizei wieder immenser Kritik ausgesetzt, obwohl kaum eine Straftat registriert wurde. Dieses Mal wird die Polizei dafür kritisiert, dass sie ohne ein Verdachtsmoment massenhaft arabisch aussehende Männer festsetzt und die Personalien aufnimmt. Hat die Polizei ein Rassismusproblem? Ist es zumutbar, dunkel aussehende Männer unter Generalverdacht zu stellen, wenn dabei schwere Straftaten verhindert werden können? Deutschland hat wieder mal eine seiner berühmten Debatten. Werden Menschen mit dunkler Haut von der deutschen Polizei ohne Verdachtsmoment häufiger kontrolliert als Menschen mit heller Haut?

Dunkel aussehende Menschen kennen die Antwort - zumindest subjektiv. Und sie wissen auch, dass das Problem nicht neu ist, sondern seit vielen Jahren besteht. Während meiner Zeit in Bayern bin ich davon stark betroffen. Vor allem die Fahrten nach Passau während des Promotionsstudiums sind mir in negativer Erinnerung geblieben. Ich promoviere zwischen 1999 und 2001 an der Universität Passau, lebe aber in München und pendle anfangs wöchentlich. Die Zugverbindung München - Passau ist zwar direkt, aber hier fahren keine ICs oder ICEs. Die Regionalbahn, die in jedem bayerischen Kuhdorf anhält, braucht für die einfache Fahrt über zwei Stunden. Weil Passau eine Grenzstadt ist, ist die Polizei grundsätzlich in der Regionalbahn präsent. Ziel der Fahnder ist es, illegale Migrantinnen und Migranten dingfest zu machen. Mitte/Ende der 1990er-Jahre flüchten viele Menschen wegen des Balkankriegs nach Deutschland. Am Passauer Hauptbahnhof ist sogar eine mobile Polizeistation untergebracht. Kein Mensch passiert ungesehen von der Polizei den Bahnhof.

Mir fällt sofort auf, dass die Polizisten nur Menschen mit dunkler Haut kontrollieren. Ich werde grundsätzlich nach meinem Ausweis gefragt. Als ich noch keinen deutschen Pass besitze, weise ich mich immer mit dem Führerschein aus, weil der türkische Reisepass sehr sperrig ist. Das gefällt der Polizei nicht, denn so kann sie nicht überprüfen, ob ich einen gültigen Aufenthaltsstatus habe. Ergänzend zu meinem Führerschein zeige ich meinen Studentenausweis vor. Aber das überzeugt die Beamten nicht. Über Funk überprüfen sie jedes Mal meine Personalien. Zwar kann ich danach immer gehen, aber es kostet mich jedes Mal viel Zeit. Ich komme grundsätzlich zu spät in meine Lehrveranstaltung. Die Polizisten sind auch nicht immer freundlich. Sie bauen sich vor mir auf und sagen nur ein einziges Wort im Befehlston: „Ausweis!" Als ich einem Beamten höflich sage, dass ich keine Einwände gegen einen vollständigen deutschen Satz hätte, zitiert er mich in den Polizeiwagen. Er durchsucht meine Hosen- und Jackentaschen, die Tasche mit meinen Seminarunterlagen und teilt mir unmissverständlich mit, ich solle die Klappe halten, wenn die Polizei mich nach dem Ausweis fragt. Ich bin einigermaßen eingeschüchtert – und genau das war sein Ziel. Ich kenne diese Kontrollen von allen bayerischen Bahnhöfen und Zügen. Nicht zuletzt wegen dieser nervigen Kontrollen beantrage ich Ende 1998 den deutschen Pass. Ich bin nicht naiv, ein deutscher Pass schützt mich nicht vor Polizeikontrollen. Aber ich erhoffe mir, dass sie dann weniger zeitraubend sind. Leider bin ich doch naiv! Auch mit dem deutschen Reisepass komme ich nicht schneller durch die Kontrollen. Die Polizeibeamten überprüfen weiterhin meine Personalien über Funk. Begründung: Es könnte eine Straftat vorliegen oder der Ausweis könnte gefälscht sein. Und mehr Respekt erfahre ich ebenso wenig.

Nach dem 11. September 2001 werden die Kontrollen noch intensiver. In der Zeit davor werde ich noch manchmal durchgewinkt, wenn ich einen Anzug trage oder die *Süddeutsche Zeitung* lese. Aber nach dem 11. September machen mich gerade ein Anzug, die Zeitung und nach hinten gegellte Haare verdächtig. Die Attentäter waren ja nach außen hin integrierte, gut angezogene Studenten. Nach den Anschlägen werden die Polizisten bei Kontrollen aggressiver und respektloser. Dieses Thema ist unter meinen Freunden ohne Migrationshintergrund nicht sehr präsent. Sie bekommen davon nur etwas mit, wenn ich von einer besonders unschönen Kontrolle berichte. Eine in Physik promovierte Freundin rät mir, ich solle ins Kreisverwaltungsreferat gehen und den Doktor in den Ausweis eintragen lassen. Geht das überhaupt? Außerdem gibt es keinen Anlass für einen neuen Ausweis, eigentlich ist er noch acht Jahre gültig. Dann hält mir die Freundin eine Standpauke: „Ich als Physikerin in einer Männerdomäne weiß sehr genau, was Respektlosigkeit bedeutet. Du gehst zur Behörde und beantragst einen neuen Personalausweis. Ich habe das auch gemacht. Als Begründung sagst du dann Namensänderung oder Namensergänzung. Vergiss nicht, deine Promotionsurkunde im Original mitzunehmen. Ich bin sicher, die Bullen haben dann mehr Respekt. In Deutschland ziehen nun mal solche formalen Titel." Vielleicht hat sie ja recht. Ein paar Tage später suche ich mit aktuellen Passfotos und der Promotionsurkunde die Behörde auf. Ich komme mir zwar etwas komisch vor, gehe aber trotzdem rein. Der Beamte spricht nicht nur Bayerisch, sondern verfügt auch über einen besonderen bayerischen Humor. Als ich ihm mitteile, dass ich aufgrund einer Namensänderung einen neuen Personalausweis benötige, sagt er auf Bayerisch: „Mei oh mei, habns ne deutsche Frau abgirigt und wolln ihrn Namn übernemen? Ha ha ha …!" Ich dann leicht angesäuert: „Nein, ich habe an der Universität Passau promoviert. Das hier ist die originale Promotionsurkunde und hier sind die aktuellen Fotos. Sind Sie so freundlich und tragen den Doktor in den neuen Personalausweis ein?" Das Lachen bleibt ihm im Hals stecken und seine Miene ändert sich. Er kopiert die Urkunde, händigt mir einen Abholschein aus und sagt in gepflegtem Hochdeutsch „Herr Doktor Toprak, in vier Wochen können Sie ihren neuen Ausweis abholen. Einen schönen Tag noch." Geht doch! Anscheinend ist es das, was die Freundin meinte.

Seit ich den Doktortitel in meinem Ausweis führe, sind die Polizisten in der Tat freundlicher. Die Polizeikontrollen werden zwar nicht weniger, aber ich komme zügiger durch. Wie hysterisch manche Polizisten sind, möchte ich anhand von zwei Begegnungen darstellen.

Im Sommer 2002 sitze ich in einem ICE von München nach Frankfurt. Dieser Sprinter am frühen Morgen ist in der Regel sehr voll. Da ich zu einem öffentlichen Vortrag muss, trage ich einen Anzug. Kurz hinter Freising bemerken mich zwei Streifenpolizisten, die mich nach meinem Ausweis fragen. Vermutlich aus Solidarität zückt meine Sitznachbarin auch ihren. Der interessiert die Beamten allerdings nicht – es geht ihnen nur um meinen. Der eine Beamte dreht den Ausweis hin und her und geht kurz aus dem Abteil, um meine Daten per Funk zu überprüfen. Der andere versucht es nun mit ein bisschen Smalltalk. Er fragt mich, in welchem Gebiet ich promoviert hätte. In Anspielung auf die Attentäter des 11. September sage ich: „Ich bin eigentlich Chemiker. Aber ich habe in Hamburg in Flugzeugtechnik promoviert!" Nicht nur die Miene des Beamten versteinert, sondern die der Mitfahrer genauso. Warum soll es den Mitfahrern besser gehen als mir? Das Verhalten der Polizisten nehmen sie teilnahmslos zur Kenntnis. Der Polizist weißt nicht, was er tun soll. Erst greift er zu seiner Waffe, dann nimmt er seine Hand zurück. Hastig macht er die Tür auf und ruft seinen Kollegen: „Franz, kommt doch mal rein, schnell!" Beide bauen sich vor der Tür auf und versuchen mich intensiver zu befragen. Ich bemerke den Ernst der Lage und sage, dass ich ein harmloser Pädagoge sei und in Passau promoviert hätte. Die Beamten finden das gar nicht lustig und raten mir, mit solchen Scherzen sparsam umzugehen.

Das tue ich. Aber ich werde so oft kontrolliert, dass es mir in bestimmten Situationen schwerfällt, ernst zu bleiben, manchmal halte ich es nur mit Ironie aus. Im Spätherbst 2003 fahre ich mit dem Zug nach Stuttgart. Die Polizei ist an Bord und führt wieder selektive Kontrollen durch: Nur südländisch wirkende

Personen, vor allem Männer, werden nach ihren Papieren gefragt. Auch ich werde mal wieder gründlich durchleuchtet; sie überprüfen den Stempel auf seine Echtheit, schauen nach dem Foto und vergleichen es immer wieder mit meinem Gesicht. Danach die obligatorische Überprüfung über Funk. Es liegt nichts vor. Bevor der Beamte mir den Ausweis aushändigt, schaut er sich den Stempel noch einmal genauer an. Ich kann mich nicht zurückhalten und sage: „Der Ausweis ist echt. Aber den Doktortitel habe ich für 3000 Euro in Brasilien gekauft." Der Polizist ist außer sich und möchte wegen Betrug und Urkundenfälschung Anzeige erstatten. Ich lenke ein und erkläre, dass die Aussage nicht ernst gemeint war und ich ganz brav und ordentlich an der Universität Passau promoviert hätte. Daraufhin möchte mich der Beamte wegen Irreführung eines Beamten anzeigen. Schließlich greift sein Kollege besänftigend ein und meint, dass das nicht sein muss.

6

Jetzt werden die kleinen Alis auch noch Professor!

Wie wird man in Deutschland Professor?

Weil ich anwendungsorientiert arbeiten möchte, strebe ich eine Professur an einer Fachhochschule an. Mittlerweile kenne ich die formalen Kriterien für eine Berufung sehr gut. Eine qualifizierte Promotion mit der Note „magna cum laude" habe ich, die fünfjährige berufspraktische Erfahrung wird im September 2002 erfüllt sein. Aber zwei zentrale Voraussetzungen fehlen noch: Lehrerfahrung und Publikationen. Wie viel Lehrerfahrung und wie viele Publikationen sind notwendig? Diese zwei Kriterien scheinen relativ zu sein. Ganz sicher wird es für eine Berufung nicht ausreichen, wenn die einzige Publikation die Dissertation ist; abgesehen davon ist deren Veröffentlichung in Deutschland obligatorisch: Offiziell darf der Doktortitel erst nach der Publikation der Dissertation geführt werden. Sich mit einer einzigen Pflichtveröffentlichung auf eine Professur zu bewerben ist wahrscheinlich wenig erfolgversprechend. Da muss noch etwas passieren und ich mache mich an die Arbeit. Zunächst überarbeite ich meine an der Uni Regensburg vorgelegte Diplomarbeit inhaltlich, methodisch, stilistisch sowie sprachlich und veröffentliche sie im Jahr 2000 unter dem Titel *Sozialisation und Sprachprobleme* beim IKO-Verlag. Weil ich mittlerweile sehr viel theoretisches und praktisches Material zum Anti-Gewalt-Training mit jugendlichen Migranten gesammelt habe, systematisiere ich diese Texte und veröffentliche sie unter dem Titel *Ich bin eigentlich nicht aggressiv. Theorie und Praxis eines Anti-Aggressions-Kurses mit türkischstämmigen*

Jugendlichen im Jahre 2001 beim Fachverlag Lambertus. Als ich im Spätherbst 2002 meine erste Bewerbung auf eine Professur absende, kann ich auf drei Buchpublikationen und ca. 10 Fachartikel verweisen. Ob das ausreichen wird? Die Quantität ist für mein Alter sicherlich nicht schlecht. Aber es kommt vor allem auch auf die Qualität der Veröffentlichungen an.

Ich halte seit Ende 1998 auf Einladung oder Anfrage gelegentlich Vorträge und Tagesveranstaltungen für Fachkräfte, aber das wird vermutlich nicht als Lehrerfahrung anerkannt. Optimal wäre es, wenn ich einen Lehrauftrag an einer Fachhochschule hätte. Aber wie kommt man da ran? Idealerweise kennt man einen Professor, der einem einen Lehrauftrag an seiner Hochschule vermittelt. Ich kenne aber leider keinen in meiner näheren Umgebung. Deshalb beschließe ich, Initiativbewerbungen an die umliegenden Hochschulen zu schicken. In München gibt es zwei Fachhochschulen, hier probiere ich es zuerst. Ich bekomme nicht einmal eine Antwort, geschweige denn einen Lehrauftrag. Dann erweitere ich meinen Radius auf Regensburg, Landshut und Eichstätt. In meinen Bewerbungen biete ich eine Lehrveranstaltung zur interkulturellen Pädagogik an. Wieder bekomme ich weder Zu- noch Absagen. Initiativbewerbungen scheinen nicht zielführend zu sein. Eines Tages aber finde ich auf meinem Anrufbeantworter eine Nachricht: Der Dekan der Fakultät „Soziale Arbeit" der Universität Eichstätt möchte mich kennenlernen und lädt mich zu einem Gespräch ein. Er hat zwar kein Interesse an einer Veranstaltung zur „Interkulturellen Pädagogik", ist aber bereit, mir einen Lehrauftrag über die Theorie und vor allem die Praxis von Anti-Gewalt-Trainings zu erteilen. Warum nicht? Das ist der leichteste Lehrauftrag, den ich mir vorstellen kann: Gerade habe ich ein Manuskript für ein Buch genau zu diesem Thema bei einem Verlag eingereicht.

Im Wintersemester 2001 startet meine erste Lehrveranstaltung an der Katholischen Universität Eichstätt unter dem Titel „Theorie und Praxis eines Anti-Aggressivitäts-Trainings".

Eichstätt ist die berühmte Universitätsstadt mit nahezu null Prozent Arbeitslosigkeit. Anfang der 00-er Jahre wohnen dort 13 000 Menschen, gefühlt ausschließlich Studentinnen und Studenten. Die Stadt liegt ca. 100 Kilometer nordwestlich von München, die Bahnverbindung ist eine Katastrophe. Da mein Bedarf an Kontrollen durch die bayerische Polizei gedeckt ist, nehme ich das Auto. Vor der ersten Lehrveranstaltung bin ich äußerst aufgeregt. Wird überhaupt jemand kommen? Wenn ja, wie werde ich ankommen? Aber mehr als mich blamieren, kann nichts passieren. Außerdem weiß ich, dass meine Vorträge und Workshops bei Fachkräften geschätzt waren. Darauf kann ich schließlich aufbauen. Die Veranstaltung in Eichstätt ist als Übung konzipiert. Weil wir viele praktische Einheiten haben, sollen maximal 20 Studentinnen und Studenten daran teilnehmen. Ich bekomme einen entsprechenden Raum zugeteilt – den ich natürlich erst einmal finden muss: Nicht zum ersten Mal irre ich durch eine Uni … In Eichstätt ist die Fakultät „Soziale Arbeit" in einem Altbau untergebracht und die Gänge sind ziemlich verschachtelt. Dieses Mal bin ich pünktlich, weil ich mich an die Fersen von drei Studentinnen hefte, die zu meiner Veranstaltung gehen. Bereits auf dem Gang herrscht ein ziemliches Gedränge; der Seminarraum ist erst gar nicht zu erreichen. Bepackt mit Ordnern und Büchern versuche ich mich durch die Massen zu kämpfen. Kurz vor der Tür versperren mir drei Studenten den Weg; einer meint: „Ja, so einfach geht das nicht. Wir wollen auch rein. Du kannst dich doch nicht von ganz hinten nach vorne durchmogeln. Der Dozent lässt eh nicht alle rein." Woher will er wissen, wen ich reinlasse und wen nicht? Ich merke natürlich, dass er mich für einen Studenten hält, und antworte: „Dürfte ich trotzdem durch? Ich bin nämlich der Dozent." Die drei machen mit versteinerter Miene Platz. Ich komme mit Mühe und Not am Dozentenpult an. Als ich vorne stehe, beachtet mich niemand. Dann ruft eine Studentin: „Hey, willst du den Dozenten spielen oder was?" Sie hat die Lacher auf ihrer Seite – bis auf die drei an der Tür. Ich bitte höflich um Ruhe und stelle mich der Gruppe vor. Weil die Studentinnen und Studenten auf dem Gang nichts hören, bitten sie mich, das Mikrofon zu benutzen. Mikrofon? In einer Übung für 20 Personen!? Als ich der Gruppe mitteile, dass ich in dieser Größenordnung nicht arbeiten kann, ernte ich lautstarken Protest. Am Ende zählen wir 56 Personen: ein fast dreifach überbelegter Kurs. Ich erkläre, dass diese Veranstaltung aufgrund der Besonderheit der Methodik und der praktischen Arbeit nur mit maximal 20 Teilnehmern durchgeführt werden kann. Das sehen zwar alle ein, aber niemand will den Raum verlassen, nicht zuletzt, weil diese Erläuterungen die Veranstaltung noch spannender erscheinen lassen. Auch mein Vorschlag, die Plätze zu verlosen, stößt auf heftige Ablehnung. Schließlich holt ein Student den Dekan herbei. Als der verspricht, dass ich die Veranstaltung doppeln kann und die übrigen Studierenden einen garantierten Platz im nächsten Semester bekommen, beruhigt sich die Lage. So ergibt sich beiläufig ein weiterer Lehrauftrag und eine Fortsetzung im nächsten Semester, obwohl ich inhaltlich noch keinen Ton von mir gegeben habe.

Diese zwei Seminare kommen bei den angehenden Sozialpädagoginnen und Sozialpädagogen sehr gut an. Vor allem loben sie meinen Theorie-Praxis-Transfer und bewerten die beiden Kurse mit einer Gesamtnote von 1,0. Fortan erhalte ich jedes Semester einen Lehrauftrag an der Katholischen Universität Eichstätt. Außerdem händigt mir der Dekan den studentischen Auswertungsbogen aus. Dieses Dokument könnte bei zukünftigen Bewerbungen als Professor wichtig werden. Später kommen Lehraufträge an der Universität Passau und an der Fachhochschule München hinzu. Den in Passau gebe ich relativ früh wieder auf, denn es ist insgesamt zu viel, der in München ist mir wichtiger und die Passauer Polizei muss ich mir nicht antun …

Ab dem Sommer 2002 lese ich aus Interesse Stellenausschreibungen für Professuren. Ich stelle relativ schnell fest, dass neben den formalen Kriterien das persönliche Profil auf die ausgeschriebene Stelle passen muss – wie bei einer gewöhnlichen Stellenausschreibung. Bei den meisten Ausschreibungen sehe ich keine großen Übereinstimmungen mit meinem Profil. Zwischen 2002 und 2003 bewerbe ich mich auf fünf Professorenstellen an den Fachhochschulen München, Landshut, Erfurt, Frankfurt a.M. und Düsseldorf. Vor allem die Stellen in München und Erfurt passen sehr gut zu meinem Profil. In Erfurt suchen sie sogar jemanden, der praktische Gruppenarbeit mit ausländischen Jugendlichen durchgeführt hat. Besser geht es kaum. Trotzdem kann ich mir nicht vorstellen, dass meine Bewerbung Erfolg haben wird. Ich bin immer noch sehr skeptisch. Kann ein „Türke" mit Hauptschulabschluss in Deutschland Professor werden? Das ist für mich eine ernsthafte Frage, vor allem weil ich bisher niemanden kenne, der das geschafft hat. Auch von meinen Freunden und meiner Familie bekomme ich nicht nur ermutigende Rückmeldungen. Eine Freundin meint sogar, ich sei größenwahnsinnig. Meine Verwandten schütteln nur mit dem Kopf, als sie erfahren, dass ich mich auf fünf Stellen beworben habe. Für ein ausgeprägtes Selbstbewusstsein sind das keine guten Bedingungen.

Seit wann Alis Professor werden

Von allen fünf Hochschulen erhalte ich relativ zügig eine Rückmeldung darüber, dass meine Bewerbung eingegangen sei. Auch teilt man mir mit, dass ich mich gedulden und von weiteren Rückfragen Abstand nehmen soll. Gegebenenfalls werde man auf mich zukommen. Das Selbstbewusstsein, an den Hochschulen nachzufragen, habe ich sowieso nicht. Nach zwei Monaten bekomme ich von der FH Erfurt meine Unterlagen zurück. Die Hochschule bedankt sich für die Bewerbung, ich sei aber leider nicht in die engere Wahl gekommen. Wenn diese Hochschule mit diesem Profil mich nicht einlädt, dann habe ich keine Chance, sage ich mir. Vielleicht haben meine Freunde und Verwandten doch recht. Eine Professur ist nicht meine Liga. Wie soll aus einem mittelmäßigen Hauptschüler ein Professor werden? Außerdem bin ich erst 32 Jahre alt. Zwar erfülle ich die formalen Kriterien, aber ich habe keinen professoralen Habitus. Auf der Straße werde ich von Jugendlichen grundsätzlich geduzt. Während ich mich in einer Sinnkrise befinde, kommt mit der Post ein weiterer dicker Umschlag: Absender ist die FH München. Dicke Umschläge bedeuten Absagen. Und so ist es auch. Ausgerechnet die Hochschulen, deren Ausschreibungen auf mein Profil passen, sagen mir ab. Damit ist das Thema Professur für mich erledigt. In meinem Umfeld rede ich nicht mehr darüber. Ich bekomme davon nur schlechte Laune und mache lieber meine Arbeit mit den Jugendlichen und die Lehraufträge. Ein halbes Jahr später erhalte ich wieder einen dicken Briefumschlag, diesmal von der Fachhochschule Landshut. Ungeöffnet lege ich ihn in die Schublade. Nach einer Woche ruft mich die Sekretärin der FH Landshut an und möchte wissen, ob ich die Einladung der FH annehme, im Berufungsverfahren die vorgesehenen Probevorlesungen abzuhalten. Diese Frage erwischt mich kalt und ich antworte: „Entschuldigen Sie bitte, ich wollte Sie morgen kontaktieren und Ihnen meine Entscheidung mitteilen. Ich muss im Vorfeld einen Termin klären. Hat das bis morgen Vormittag Zeit?“ Sie sagt „kein Problem“, ich lege auf und reiße die Schublade auf: Tatsächlich enthält der dicke Briefumschlag keine zurückgesandten Bewerbungsunterlagen, sondern Dokumente zur Probelehrveranstaltung an der Fakultät für Soziale Arbeit der FH Landshut. Zum Glück ist der Termin erst in fünf Wochen. Tags darauf rufe ich die Sekretärin an, um den Termin zu bestätigen.

Ein Berufungsverfahren ist sehr komplex. Wenn eine Planstelle frei wird, gründet die Fakultät eine Berufungskommission, bestehend aus Professorinnen und Professoren, wissenschaftlichen Mitarbeitern und studentischen Vertretungen sowie Gleichstellungs- und Behindertenbeauftragten. Die Berufungskommission wertet die eingehenden Bewerbungen aus, legt fest, wer potenziell in Frage kommt. Sie überprüft nicht nur die formalen Kriterien, sondern muss primär die inhaltliche Frage klären, welcher Bewerber am besten auf diese Stelle passt. Eine Berufungskommission ist nicht immer neutral, weil u. U. jeder

Einzelne subtil oder offensichtlich eigene Interessen verfolgt. Der eine möchte eine Bewerberin nicht, weil er Angst hat, dass er selbst zu kurz kommt. Der andere möchte einen nicht, weil ein Kollege sich beworben hat, den er gut kennt. Und, und, und... Das weiß ich im Vorfeld natürlich nicht und bereite mich akribisch vor. Der zentrale Bestandteil jeder Berufung in Deutschland ist ein öffentlicher Vortrag des Bewerbers. Danach gibt es ein längeres Vorstellungsgespräch mit der Berufungskommission.

Weil Sie Migrant sind, werden Sie die Stelle nicht bekommen

Weil Bayern bekanntermaßen speziell ist, ist hier natürlich auch das Berufungsverfahren speziell. Ich muss nicht einen Vortrag halten, sondern zwei. Beim ersten ist das Thema vorgegeben, das zweite kann ich frei wählen. Ich werde von der Sekretärin gebeten, mindestens eine halbe Stunde vor dem Termin ins Dekanat zu kommen. Ich bin selbstverständlich überpünktlich. Die Sekretärin empfängt mich freundlich und bringt mich zur Verwaltung. Hier erklärt mir ein Mann ein paar Einzelheiten zu der ausgeschriebenen Stelle und was ich als Professor verdienen würde. Er händigt mir die Gehaltstabelle aus und wünscht mir im Berufungsverfahren viel Glück. Über das Professorengehalt hatte ich mir bis dahin überhaupt keine Gedanken gemacht. Auch nach dem Gespräch bin ich diesbezüglich nicht schlauer, denn erstens hängt es von vielen Faktoren ab und zweitens habe ich gerade andere Sorgen. Der Kommissionsvorsitzende ist ein robuster Psychologe, der mir beim Handschlag fast die Finger bricht. Er führt mich zu einem Seminarraum, wo die Berufungskommission, die Studierenden und die Hochschulöffentlichkeit auf mich warten. Am liebsten würde ich den Raum auf der Stelle rückwärts verlassen und nach Hause fahren. Ich versuche cool zu bleiben, zittere aber beim Reden. Ich bin zwar gut vorbereitet, aber das Pflichtthema macht mir Probleme. Ich habe mich nur eingelesen und bin nicht richtig fit auf diesem Gebiet. Beim zweiten Vortrag bin ich zwar sicherer und souveräner, die Mitglieder der Kommission gucken trotzdem sehr grimmig. Alle zeigen mir ihr Pokerface. Ich konzentriere mich auf den Vortrag, versuche größere Fehler zu vermeiden und visiere die Studentinnen und Studenten an, die meinen Vortrag offenkundig interessant finden. Die Vorträge und Diskussionen dauern 90 Minuten, es folgt das einstündige Gespräch mit der Kommission. Viele Fragen der Kommission verstehe ich nicht wirklich. Nicht weil sie mich intellektuell überfordern würden, sondern weil ich ihren Sinn nicht immer nachvollziehen kann. Ein Mitglied der Kommission kenne ich persönlich, er sagt zu mir: „Ahmet, glaub nicht, dass du die Stelle bekommen wirst, weil du Migrationshintergrund hast." Über diese Aussage bin ich einigermaßen entsetzt. Ein gestandener Professor reduziert mich auf meine Herkunft. Solche Bemerkungen kenne ich aus anderen Kontexten. Aber so etwas von einem Professor zu hören erschüttert mich. Ich antworte ihm: „Wenn das so wäre, hätte ich auch kein Interesse daran." Die Stelle in Landshut erhält später eine Frau, die Mitte vierzig ist. Zumindest sieht sie auf der Homepage der FH Landshut so alt aus. Für mich ist das Verfahren eine gute Erfahrung. Es wäre ja auch ein Wunder gewesen, wenn ich mit 32 Jahren gleich bei der ersten Bewerbung Professor geworden wäre.

Wenig später bekomme ich Post aus Frankfurt und Düsseldorf: Frankfurt bittet mich mit einem kurzen Schreiben zur Probevorlesung. Aus Düsseldorf kommt eine ganze Mappe, man lädt mich zu einem Vorgespräch ein. Erst danach wollen die Düsseldorfer festlegen, wen sie zum Vortrag einladen. So unterschiedlich arbeiten Berufungskommissionen in Deutschland.

Das Verfahren in Frankfurt ist eine Tortur. Schon beim Einladungsschreiben merke ich, dass die Kommission unfreundlich ist. Der Ton ist nicht kollegial, die Informationen sind knapp gehalten und enthalten den Verweis, dass die Fahrtkosten nicht erstattet werden. Ich rufe einen Frankfurter Kollegen an, von dem ich vermute, dass er sich auf die Stelle beworben hat. Hat er tatsächlich, wurde aber nicht eingeladen. Er sagt mir am Telefon, dass die Stelle quasi vergeben sei. Die FH musste die Stelle pro forma ausschreiben. Er ermutigt mich aber, trotzdem zu kommen, und sei es auch nur, um der Kommission das Leben so schwer wie möglich zu machen. Die Kommission ist schlimmer als jede *Deutschland-sucht-den-Superstar*-Jury. Als ich die Sekretärin nach dem Raum frage, antwortet sie mir: „Woher soll ich das wissen? Warten Sie draußen." Als ich sie darauf hinweise, dass sie mich hierhin bestellt hätte, sagt sie: „Ach ja, Sie müssen der Bewerber aus München sein. Dann kommen Sie mal mit." Sie bringt mich in einen Seminarraum, in dem Studentinnen und Studenten und die Berufungskommission auf mich warten. Ich halte meinen Vortrag, beantworte die inhaltlichen Nachfragen und stelle mich später den Fragen der Kommission. Aber die hat kaum Fragen – schlecht verhohlenes Desinteresse schlägt mir entgegen. Später erfahre ich, dass die Stelle an eine Frau geht. Laut dem Kollegen ist es die Kandidatin der Kommission. Ich habe zwar die Stelle nicht bekommen, bin aber um eine Erfahrung reicher.

Das Gespräch in Düsseldorf soll an einem Montag stattfinden. Ich nehme drei Tage Urlaub und fliege bereits am Mittwoch nach Köln, um meine Eltern, Geschwister und Freunde zu sehen. Da ich öfters aufgrund eines Vortrages in NRW bin und im Anschluss meine Eltern besuche, fragt mich niemand nach dem Grund meines Aufenthalts. Übers verlängerte Wochenende hänge ich unrasiert mit Schlabberhosen bei meinen Eltern rum. Als ich mich dann am Montag schick mache und einen Anzug anziehe, wird mein Vater misstrauisch. Er fragt nach und ich sage ihm, dass die FH Düsseldorf mich kennenlernen möchte, weil ich mich auf eine Professur beworben hätte. Er mustert mich von oben bis unten und sagt: „Schau dich doch im Spiegel an. Du bekommst diese Stelle nicht. Du siehst nicht wie ein Professor aus, sondern wie ein Student. Außerdem bist du Ausländer. Warum sollst du die Stelle bekommen, wenn so viele Deutsche da sind?" Mein Vater macht mir wirklich Mut. Er ist immer skeptisch gewesen. Aber vielleicht hat er recht? Ich fahre trotzdem. Der Termin ist am Nachmittag, meinen

Rückflug habe ich für den Abend ab Düsseldorf gebucht. Wieder bin ich zu früh vor Ort. Auch diesmal ist es nicht ganz leicht, zu dem richtigen Raum zu gelangen – eine Glastür versperrt mir den Weg. Als eine Frau mit dem entsprechenden Schlüssel die Glastür passiert, schlüpfe ich sofort hinterher. Ich finde den Raum und warte vor der Tür. In diesem Moment kommt ein Mann mit einem riesigen Schlüsselbund in der Hand auf mich zu und spricht mich abfällig an:

Er: Was machst du hier?
Ich: Ich warte auf Frau Schmidt. Ich habe gleich einen Termin.
Er: Was für einen Termin? Studenten haben um diese Zeit hier nichts verloren. Außerdem hat Frau Schmidt Termine mit angehenden Professoren.
Ich: Ja, genau! Und ich bin einer von diesen angehenden Professoren.
Er: Meine Güte. Jetzt werden auch die kleinen Alis Professor. Was wollt ihr denn noch alles werden?

Bevor ich darauf reagieren kann, winkt er ab und geht weiter. Später erfahre ich, dass das der Hausmeister war. Inzwischen hat ein Mann von etwa 40 Jahren das Besprechungszimmer verlassen und ich werde hereingebeten. Die Gesprächsatmosphäre ist sehr konstruktiv und angenehm, die Kommissionsvorsitzende sehr herzlich. Leider schaffe ich die Hürde des Vorgesprächs nicht und werde nicht zu einer Probevorlesung eingeladen.

Der Name darf nicht verbraucht werden

Ich hätte es nie für möglich gehalten, dass ich bei fünf Bewerbungen drei Einladungen erhalte. Später rät mir ein FH-Professor in München, ich solle mich nicht so oft bewerben. Sonst wäre mein Name bald verbraucht und ich würde unglaubwürdig. Ich solle lieber mein Profil schärfen, indem ich mir weitere Themen erarbeite. Ein Professor an einer FH müsse breiter aufgestellt sein, so sein Rat. Er sei hundertprozentig davon überzeugt, dass es nur eine Frage der Zeit sei, bis ich eine Professur erhielte. Er muss es wissen, schließlich ist er seit 20 Jahren Professor und seit einigen Jahren Dekan. Er weiß, worauf es bei Bewerbungen ankommt. Ich nehme seinen Rat an und schreibe vorerst keine Bewerbungen mehr. Stattdessen kümmere ich mich um meine Publikationsliste.

Bis 2006 veröffentliche ich drei weitere Bücher und 20 Artikel und Aufsätze in Fachzeitschriften und Sammelbänden. Mein empirisch angelegtes Buch *Das schwache Geschlecht – die türkischen Männer* aus dem Jahre 2005 wird ein großer Erfolg. Die Medien zitieren das Buch, in der *Süddeutschen Zeitung* und in der *ZEIT* erscheinen Rezensionen und im *heute journal* interviewt mich Claus Kleber. Ich werde sogar in die erste Deutsche Islamkonferenz der Bundesregierung berufen. In der Folge kann ich mich vor Medien- und Vortragsanfragen kaum retten. Irgendjemand findet mich so wichtig, dass er mich 2006 in Wikipedia aufnimmt. Inzwischen muss ich nicht mehr mühsam nach Veröffentlichungsmöglichkeiten in den einschlägigen Fachzeitschriften suchen. Die Zeitschriften und Verlage fragen mich nun, ob ich einen Artikel oder ein Buch liefern kann. Besser kann es für mich nicht laufen. Dieser Erfolg ist schmeichelhaft, aber das Ziel mit der Professur gebe ich trotzdem nicht auf. Im Frühjahr bzw. Sommer 2006 entdecke ich zwei Professorenstellen in der Wochenzeitung *DIE ZEIT*: eine an der FH Regensburg, die andere an der FH Dortmund. Mein Profil passt auf beide Stellen. Bei der Ausschreibung der FH Dortmund habe ich sogar das Gefühl, dass das Einzige, was hier fehlt, der Verweis „Wir suchen Ahmet Toprak" ist. Allerdings gibt es bestimmt noch ein paar andere, deren Profil auch passen würde. Der Professor, der mir den Rat gab, mich nicht so oft zu bewerben, überprüft meine Unterlagen. Auf einige Dinge, wie z. B. die Bereitschaft, mich aktiv an der Hochschulselbstverwaltung zu beteiligen, macht er mich aufmerksam. Ich nehme seine Anregungen dankbar auf und schicke meine Bewerbungen an die beiden Hochschulen.

Relativ zeitnah bekomme ich von beiden eine Einladung. Weil Regensburg bekanntlich in Bayern ist, sind hier zwei Vorträge vorgesehen, wie seinerzeit in Landshut. Beide sollen am 17. Oktober 2006 stattfinden. Der vorgegebene Pflichtvortrag soll über ein Thema im Kontext der interkulturellen Sozialarbeit gehalten werden – das fällt in mein Gebiet. Ich bereite mich gut vor und fahre zeitig los. Dass ich mich in der Stadt und auf dem Campus gut auskenne, macht die Sache leichter. Durch Medienauftritte und das Live-Interview mit Claus Kleber bin ich gewissermaßen abgehärtet und nicht mehr so aufgeregt wie früher. Die Dekanatssekretärin ist äußerst freundlich und bietet mir einen Kaffee an. In diesem Moment kommt der Kommissionsvorsitzende herein und stellt sich vor. Sein Auftreten ist freundlich und verbindlich. Wir gehen in den Seminarraum und ich beginne mit meinen Vorträgen. Weil der zweite Vortrag für Studentinnen und Studenten konzipiert ist, arbeite ich mit Fallbeispielen und interaktiven Methoden. Das Problem: Die Hörerschaft lässt sich nicht aktivieren. Im Raum befinden sich ca. 15 Personen und keiner reagiert auf meine rhetorisch-didaktischen Fragen. Eine Frau erkenne ich von früher: Sie war an der Universität Regensburg wissenschaftliche Mitarbeiterin und ich hatte damals eine Veranstaltung bei ihr. Inzwischen hat sie es hier an der FH zur Professorin gebracht. Sie reagiert auf meine Bemühungen ebenso wenig wie die Übrigen. Ich mühe mich ab und werde schließlich durch die Zeitvorgabe von meinen Qualen erlöst. Danach findet das Gespräch mit der Kommission statt. Als ich im Sitzungsraum die Kommission zu Gesicht bekomme, wird mir einiges klar. Meinen Vorträgen hat kein einziger Student zugehört, dort saß ausschließlich die Berufungskommission. Eine so große Berufungskommission habe ich nie zuvor und auch danach nie wieder gesehen. Sind sie überhaupt entscheidungsfähig? Freundlich stellen sie die üblichen Fragen und ich antworte routiniert. Aber irgendwie habe ich das Gefühl, nicht hierherzugehören. Ich kann mir nicht vorstellen, an diesem Ort mit diesen Menschen zusammenzuarbeiten. Auf dem Weg zum Auto treffe ich meine ehemalige Dozentin, die jetzt in der Kommission sitzt. Ich frage sie, ob sie sich an mich erinnern könne. Sie sagt: „Ich glaube schon. Sie haben doch hier an der Uni studiert." Als ich sie dann frage, warum sie mich eben bei den Vorträgen nicht mit Wortmeldungen und Antworten unterstützt habe, sagt sie: „Ach, Herr Toprak, wir haben so viele Bewerbungen. Nehmen Sie es nicht persönlich. Aber wir können nicht mehr. Alle Bewerber wollen uns aktivieren. Wir wollen aber nicht aktiviert werden." Ich bedanke mich bei ihr herzlich für diese offenen Worte und ziehe am nächsten Tag telefonisch meine Bewerbung zurück.

Die Probevorlesung an der FH Dortmund ist für den 8. Januar 2007 angesetzt. Das Thema des Vortrags, das alle Bewerberinnen und Bewerber bearbeiten müssen, ist für mich ein absolutes Heimspiel: „Soziale Arbeit mit gewaltbereiten Kindern und Jugendlichen". So viel Glück muss man erst mal haben. Aber jeder Professor in Deutschland weiß, dass zu einer Berufung ein wenig Glück gehört. Denn sehr gut qualifizierte Menschen gibt es reichlich. Auf dem Weg nach oben wird die Luft immer dünner. Ich höre von Kolleginnen und Kollegen, dass viele Stellen zwar formal ausgeschrieben werden, die aber inoffiziell in vielen Fällen schon vergeben sind. Eine Erfahrung, die mir aus Frankfurt noch lebhaft in Erinnerung ist. Bei der Stelle in Dortmund bin ich mir aber sicher, dass ich sie erhalten werde, wenn es fair zugeht. Vor der Probevorlesung war ich nur ein einziges Mal wegen eines Vortrags in Dortmund, kenne weder die Stadt noch ein Mitglied der Hochschule. Ich weiß nur, dass in Dortmund hin und wieder guter Fußball gespielt wird: mal ein Champions-League-Sieg, mal ein Abstiegskampf. Die Kontakte zur Fachhochschule Dortmund im Vorfeld sind durchweg positiv. Meine E-Mails werden sofort beantwortet, die Sekretärin und die Berufungskommissionsvorsitzende sind freundlich und auskunftsfreudig.

Vortrag an der FH Dortmund – kurz nach der Berufung

Der Vortrag fällt auf einen Montag und ich fliege am Freitag vorher nach Köln zu meinen Eltern. Mein Vater fragt mich, ob ich wieder Professor werden möchte. Es gibt aber keinen bösen Spruch. Anscheinend haben ihn meine Medienauftritte beeindruckt. Am Montag begrüßt mich die Vorsitzende der Kommission freundlich und stellt mir die fünfköpfige Kommission vor. Das finde ich gut. Zum ersten Mal erfahre ich vorab, wer zur Kommission angehört. Auch der Dekan gehört ihr an, was nicht üblich, aber vollkommen legal ist. Wir gehen zusammen zu dem überfüllten Veranstaltungssaal. Die Mitglieder der Kommission finden kaum noch freie Plätze. Ich habe nur 30 Minuten Zeit, um das Thema prägnant und studentenfreundlich darzustellen. Dass es mir gut gelungen sein muss, erkenne ich an den Diskussionsbeiträgen der Studentinnen und Studenten. Nach über 45 Minuten Diskussion mit ungefähr 40 interessierten Studierenden unterbricht die Kommissionsvorsitzende. Einige Studierende fragen mich nach Unterlagen. Ich verspreche, sie ihnen per Mail zuzusenden, und gehe mit der Kommission zum nicht-öffentlichen Teil über. Das Gespräch dauert über eine Stunde, aber die Atmosphäre ist angenehm und konstruktiv. Die Fragen sind sachlich und authentisch. Warum auch immer – ich habe das bestimmte Gefühl, dass ich gerade mit meinen zukünftigen Kollegen diskutiere. Als der Dekan fragt, ob ich noch Fragen hätte, sage ich: „Ja, ist die Stelle auch wirklich frei? Sie wird ja gerade von einem Kollegen vertreten." Der Dekan lobt, dass ich mich gut informiert hätte. Aber ich solle mir keine Gedanken machen, die Stelle sei wirklich frei. Die Vertretung sei tatsächlich „nur" eine Vertretung. Die Kommission bedankt sich für den außergewöhnlichen Vortrag und teilt mir mit, dass ich spätestens in einer Woche erfahren werde, ob ich auf die Berufungsliste komme.

Eine Woche später bekomme ich tatsächlich Post: Ich habe die erste Hürde genommen und komme auf die Vorschlagsliste. Ich soll der Kommission Unterlagen (Veröffentlichungen, Zeugnisse etc.) vorlegen. Unabhängig von der Kommission werden zwei externe Gutachten zu meiner Berufungsfähigkeit eingeholt. Zügig stelle ich die Unterlagen zusammen und reiche sie ein. Am Sonntagnachmittag des 11. Februar 2007 klingelt das Telefon. Meine Freundin geht ran und redet sehr förmlich. Dann sagt sie: „Ja, Herr Dr. Toprak ist da." Was ist denn jetzt los? Seit wann werde ich von meiner Freundin „Herr Dr. Toprak" genannt? Und das am Sonntag! Ich nehme den Hörer, ein Mann stellt sich als Dekan der Fachhochschule Dortmund vor. Weil Sonntag ist, halte ich das zunächst für einen Scherz, aber dann erkenne ich die Stimme wieder. Der Dekan möchte von mir wissen, ob ich bereit wäre, von München nach Dortmund zu kommen. Die Kommission hätte mich auf Platz eins gesetzt. Ich kann das Ganze nicht glauben und stammele ich nur ein „Ja, ja". Ich lege auf und sehe, dass meine Freundin weinend im Internet nach einer geeigneten Wohnung sucht.

Ich hatte bereits erwähnt, dass eine Berufung eine komplexe Angelegenheit ist. Zwar hat mich die Berufungskommission auf Platz eins gesetzt. Aber was machen die externen Gutachter? Vielleicht sehen sie das anders und ich lande aufgrund der Aktenlage auf Platz drei? Außerdem teilt mir der Dekan mit, dass das Verfahren jetzt die hochschulinternen Gremien passieren muss. Das kann viel Zeit in Anspruch nehmen: Erst müssen die externen Gutachter die Liste bestätigen, dann muss der Fakultätsrat die Liste absegnen, danach muss sich das Rektorat mit dem Thema befassen. Nachdem das Rektorat die Liste beschlossen hat, erfolgt das Rufschreiben durch den Rektor. Willkommen in der wunderbaren Gremienwelt der Hochschulen! Außerdem kann das ganze Verfahren durchkreuzt werden, wenn die Gleichstellungsbeauftragte eine Bewerberin favorisiert: Sie hat kein Stimm-, aber ein Vetorecht. Qua Amt ist die Gleichstellungsbeauftragte an gut qualifizierten Frauen interessiert, aber nicht an gut qualifizierten Männern mit Migrationshintergrund. Das hört sich nach einer qualvollen Hängepartie an – und genau so ist es auch. Aus Sicht der Hochschule geht das Ganze relativ schnell voran. Aber für einen, der in München wartet, zieht sich jede Woche wie eine Ewigkeit. Der Dekan scheint die Lage der Bewerberinnen und Bewerber zu verstehen. Er informiert mich telefonisch über jeden Schritt. Ich höre von Kolleginnen und Kollegen, dass das nicht die Regel ist. Die meisten Hochschulen sind mit Informationen sehr zurückhaltend. Oftmals weiß man bis zur Ruferteilung nicht einmal, dass man auf der Berufungsliste steht.

Um das Verfahren nicht zu gefährden, sage ich meinen Eltern und Freunden, dass ich auf Platz eins an einer Hochschule bin, erwähne aber nicht, an welcher. Meine Eltern sind viel aufgeregter als ich. Einerseits sind sie extrem stolz, andererseits aber auch sehr skeptisch. Wird ihr Sohn wirklich Professor? Ausgerechnet in Deutschland, wo es so viele intelligente Köpfe gibt? Meine Eltern zittern in Köln, ich in München. Wöchentlich ruft meine Mutter an, um zu erfahren, ob es etwas Neues gibt, obwohl ich ihr jedes Mal versichere, sie sofort zu informieren. Anscheinend geht es um die Familienehre: Sie hätten ein paar Leuten gesagt, dass der Sohn Professor wird. Auch das noch! Wie würden sie dastehen, wenn es nicht klappt? Das soziale Umfeld meiner Eltern ist an der Oberfläche freundlich, aber insgeheim gönnen sie es der Familie Toprak nicht, dass der Sohn Professor wird. Im Mai fahren meine Eltern für fünf Monate in die Türkei. Seit die beiden im Ruhestand sind, verbringen sie knapp die Hälfte des Jahres dort. Anfang Juni bekomme ich endlich einen offiziellen Brief von der Fachhochschule Dortmund. Den ungefähren Inhalt kenne ich bereits, weil der Dekan mich vorab mündlich informiert hat. Das Schreiben ist vom Rektor der Fachhochschule Dortmund unterzeichnet und in der Betreffzeile steht „Rufschreiben". Der Rektor teilt mir nur knapp mit, dass er beabsichtige, mich auf eine Planstelle an der Fakultät für Angewandte Sozialwissenschaften zu berufen. Außerdem soll ich ihm schriftlich mitteilen, ob ich gedenke, dem Ruf zu folgen. Eigentlich hatte ich mir unter einem „Rufschreiben" etwas anderes vorgestellt. Statt mich riesig zu freuen, bin ich wie so oft skeptisch, vor allem weil für mich das Wort „beabsichtigen" nicht verbindlich genug klingt. Vielleicht ändert er seine Absicht ja noch und beruft einen anderen? Am Telefon beruhigt mich der Dekan. Die Formulierung ist bewusst so gewählt, falls eine Berufungsverhandlung scheitert, z.B. weil der Bewerber zu hohe Ansprüche stellt. Was für Ansprüche, was für eine Verhandlung? Wir sind doch nicht auf dem Istanbuler Basar. Ich werde doch nicht mit dem Rektor verhandeln. Und Ansprüche stelle ich erst recht keine. Das würde mir niemals in den Sinn kommen. Ich teile dem Rektor schriftlich mit, dass ich den Ruf gerne annehme. Dann informiere ich meine in Ankara weilenden Eltern, höre aber keine Freudenschreie. Scheinbar teilnahmslos nehmen sie die Nachricht zur Kenntnis.

Am 18. Juni 2007 sitze ich in Anwesenheit des Dekans und des Kanzlers vor dem Rektor. So viel Hochschulprominenz nur für mich – ich bin beeindruckt. Der Rektor ist ein großer, kräftiger Mann mit Schnauzbart. Ein Schnauzbart ist bei Kurden und Türken seines Alters sehr verbreitet, bei Deutschen aber eine Seltenheit. Vielleicht finde ich ihn deshalb so sympathisch. Er erklärt mir das Verfahren: Der Kanzler ist anwesend, um die Finanzen zu klären, der Dekan wegen inhaltlicher Fragen in Bezug auf die Fakultät. Er liest mir vor, welche Denomination die Stelle hat. D-e-n-o-m-i-n-a-t-i-o-n bedeutet nichts anderes als die Beschreibung des Arbeitsbereichs einer Professur. Und die D-e-n-o-m-i-n-a-t-i-o-n meiner Stelle lautet „Erziehungswissenschaften mit dem Schwerpunkt gruppenpädagogische und therapeutische Handlungsmöglichkeiten bei Verhaltensstörungen, insbesondere Dissozialität". Aha! Ich weiß wirklich nicht, wer sich das ausgedacht hat, tippe aber auf die Berufungskommission. Er geht akribisch das Protokoll durch, erklärt mir meine Rechte und Pflichten. Natürlich möchte er, dass ich nach Dortmund umziehe. Das habe ich sowieso vor, deshalb stresst mich das nicht. Schließlich traue ich mich doch, zu „verhandeln": „Könnten vielleicht meine Umzugskosten übernommen werden?", frage ich vorsichtig beim Rektor nach. Der Kanzler antwortet, dass es da nichts zu verhandeln gebe, das stünde mir in jedem Fall zu. Nach dem Umzug soll ich die Kosten einfach mit der Hochschulverwaltung abrechnen. Ich staune nicht schlecht. Abschließend muss das Protokoll vom Rektor und mir unterschrieben werden. Das ist das rechtlich verbindliche Dokument. Der Rektor zögert bei seiner Unterschrift. Er legt den Stift weg, denkt nach, lehnt sich zurück und schaut kurz aus dem Fenster. Mein Herz rast. Er hat bestimmt etwas entdeckt, was gegen meine Berufung spricht. Dann sagt er: „Herr Toprak, mir ist ein Gedanke gekommen. Wollen Sie nicht statt am 1.9. am 1.8. anfangen? Dann haben Sie mehr Zeit, sich bei uns einzuarbeiten." Ich atme tief durch, bedanke mich für das tolle Angebot und erkläre, dass ich meinem aktuellen Arbeitgeber versprochen hätte, alle Arbeiten sauber zu Ende zu bringen. Dieses gegebene Wort könnte ich nicht einhalten, wenn ich einen Monat früher nach Dortmund käme. Der Rektor sagt nur „Das spricht für Sie!" und unterschreibt das Protokoll. Auch ich setze meine Unterschrift unter das Dokument und alle drei anwesenden Herren gratulieren mir. Ich muss nach einigen Wochen noch einmal wiederkommen, weil die eigentliche Urkundenverleihung erst nach der amtsärztlichen

Untersuchung und dem Vorliegen des polizeilichen Führungszeugnisses erfolgt. Schließlich werde ich verbeamtet. Das ist dann aber wirklich Routine.

Wie versprochen erledige ich die anfallenden Arbeiten in München. Anfang Juli bin ich im Bayerischen Landtag. Eine Kommission hat zu einer öffentlichen Anhörung zur Situation der bayerischen Jugendlichen mit Migrationshintergrund eingeladen. Ich bin einer der Experten, der Einzige mit Migrationshintergrund. Die Presse verfolgt die Anhörung aufmerksam. In der Kaffeepause komme ich mit dem türkischsprachigen *Hürriyet*-Redakteur ins Gespräch. Wir kennen uns schon lange. Er sagt, dass es immer wieder bereichernd ist, wenn ein Türkisch Sprechender zu solchen Anlässen eingeladen wird, vor allem im konservativen Bayern. Dann erwähne ich in einem Nebensatz, dass ich Ende August Bayern verlassen werde. Er fragt nach dem Grund. Als er hört, dass ich eine Professur in Dortmund antreten werde, ist er Feuer und Flamme. Er interessiert sich nicht mehr für die Anhörung. Stattdessen fragt er mich aus und sagt, dass er daraus eine kleine Nachricht für den Deutschlandteil von *Hürriyet* machen wird. Es sei wichtig, dass ihre Leser das erfahren. Ich finde das etwas überzogen.

Währenddessen sind meine Eltern noch in Ankara. Eigentlich machen sie dort nichts Besonderes. Warum sie überhaupt so lange dort bleiben, ist uns Kindern ein Rätsel. Eines Morgens geht mein Vater los, um frisches Brot zu kaufen. In dem Geschäft, wo er Stammkunde ist, fragt ihn der Verkäufer, ob er mit Familiennamen Toprak hieße. Er sagt „Ja". „Und hast du einen Sohn, der Ahmet heißt?", fragt der Verkäufer. Mein Vater wird ungeduldig und sagt: „Jaaaa, verdammt, warum fragst du?" Der Verkäufer schlägt die Zeitung auf und zeigt auf einen Bericht mit einem Foto von mir. „Hier, dein Sohn wird Professor in Deutschland." Mein Vater schnappt sich die Zeitung und kehrt ohne Brot nach Hause zurück. Kurz darauf klingelt mein Telefon. Meine Eltern sind dran und gratulieren mir zur Professur. Ich verstehe nicht, warum der Anruf erst jetzt kommt. Die

Antwort meiner Eltern lautet: „Ja, wir haben das hier in der Zeitung gelesen, dass du Professor wirst." Ich stelle fest: Meine Eltern glauben mir nicht, dass ich eine solche Stelle bekomme, als ich sie aus erster Hand informiere. Die gleichen Informationen gebe ich einer türkischen Zeitung weiter, meine Eltern lesen das zufällig und sind euphorisiert. Von wegen Lügenpresse! Die *Hürriyet*-Redaktion findet diese Nachricht so relevant, dass der Bericht nicht nur auf den Europaseiten gedruckt wird, sondern auch in der Türkeiausgabe.

Sechs Stunden Autofahrt – der erste Arbeitstag als Professor

Der 1. September des Jahres 2007 ist ein Samstag. Meinen ersten Tag als Professor verbringe ich auf der Autobahn zwischen München und Dortmund. Das hatte ich mir anders ausgemalt ... Weil meine Freundin noch bis Mitte November in München bleiben muss, packe ich einige persönliche Dinge, Bücher und ein Paar Ordner mit Material in einen Mietwagen und fahre los. Für die erste Zeit nehme ich mir ein kleines Zimmer, den großen Umzug soll meine Freundin ab Mitte November von München aus koordinieren. An meinem ersten offiziellen Arbeitstag bin ich mit drei Kolleginnen beim Dekan zum Begrüßungskaffee eingeladen. Er möchte uns willkommen heißen und uns detaillierte Informationen zur Hochschule und Fakultät geben. Die Dekanatssekretärin legt mir ca. 15 Briefe auf den Tisch. Ich bin nicht der Einzige, der überrascht ist. Anfang August hatte ich mich mit einer Rundmail von Kolleginnen und Kollegen sowie Bekannten aus Bayern verabschiedet und meine neuen Kontaktdaten weitergegeben. Das muss der Grund für die Post sein. Die meisten Briefe sind entweder Glückwunschkarten oder Vortragsanfragen. Am Nachmittag habe ich einen funktionstüchtigen Computer mit E-Mail- und Internetanschluss. Der Administrator ist beim Einrichten des Computers überrascht, als er ca. 50 Mails vorfindet. Hier ein ähnliches Bild: Glückwünsche und Vortragsanfragen. Mein erster Arbeitstag zeigt schon, dass ich mich wohl nicht langweilen werde.

Die Lehrveranstaltungen beginnen erst Anfang Oktober. Der Studiendekan legt mir nahe, meine Lehrveranstaltungen nach der Veröffentlichung auf ihre Richtigkeit zu prüfen. Manchmal würden sich dort Fehler bei der Uhrzeit oder dem Tag einschleichen. So gehe ich am Dienstag zum Schwarzen Brett. Außer mir sehen sich auch einige Studentinnen das Vorlesungsprogramm an. Eine Studentin fragt mich: „Ich kenn dich gar nicht. In welchem Semester bist du?“ Ich antworte nur, dass ich neu bin. Sie lässt nicht locker und fragt: „Sag doch einfach, in welchem Semester du bist und was du studierst. So schwer kann das ja nicht sein.“ Ich antworte ihr, dass ich nicht studiere. Daraufhin wird sie ungehalten: „Meine Güte, bist du komisch. Was machst du dann?“ Ich stelle mich kurz vor und betone, dass ich erst seit zwei Tagen an der Fachhochschule arbeite. Diese Studentin geht mir danach mindestens zwei Jahre lang aus dem Weg, bis ich sie einmal im Aufzug treffe und sie auffordere, sie solle eine meiner Veranstaltungen besuchen. Das könne jedem mal passieren.

Meine erste Sprechstunde ist für Mittwoch zwischen 12.00 und 13.00 Uhr angesetzt. Weil mich noch unbekannt bin, gehe ich davon aus, dass niemand kommen wird. Deshalb habe ich mich bereits für 12.30 Uhr mit zwei Kolleginnen zum Mittagessen verabredet. Kurz nach 12.00 Uhr klopft es und drei türkische Studentinnen kommen rein. Was können sie von mir wollen? Eine Hausarbeit besprechen? Sich über eine schlechte Note beschweren? Kann beides nicht sein. Die Studentinnen haben eine ganz einfache Frage: „Herr Toprak, wir haben Sie auf der Homepage entdeckt. Wir sind so stolz darauf. Wir wollen Ihnen gratulieren und erfahren, wie man als Türke in Deutschland Professor wird?“ Tja, wie soll ich das jetzt in wenigen Sätzen erklären?

7

Trotz der Professur – bleibt der Türke immer Türke?

Äußerlich entspreche ich nicht unbedingt dem Bild eines Professors. Das liegt nicht nur an meinem Alter, sondern auch an der Art und Weise meiner Kommunikation, Kleiderwahl, Frisur und sicherlich an meiner ethnischen Herkunft. Ich trage niemals Anzug und Krawatte. In meiner Zeit in der Türkei empfand ich die vorgeschriebene Krawatte als beeinträchtigend. Einen Anzug (immer ohne Krawatte) ziehe ich nur zu besonderen Anlässen an. Jeans und Turnschuhe sind eher die Regel; auch meine Frisur ist eher lässig. Meine jüngste Schwester, der Spießigkeit fernliegt, kritisiert sie hartnäckig als nicht altersadäquat und unangemessen für einen Professor. Meine Maxime ist jedoch: Authentisch bleiben trotz Professur. Und das beginnt mit der Kleiderwahl und dem Haarschnitt. Meine individuelle Konstellation von Alter, Stil und Herkunft wirft die Frage auf: Welche Bilder haben die Menschen in Bezug auf einen in der Öffentlichkeit hochangesehenen Beruf im Kopf? Und wie sieht eigentlich ein Professor aus? Vorurteile darüber, wie ein Professor zu agieren und auszusehen hat, haben Deutsche genauso wie Migranten. Zumindest in den ersten Jahren der Professur passe ich nicht in das gängige Bild eines Hochschullehrers.

Wirst du Hausmeister?

Einen Vorgeschmack darauf, was mich in Bezug auf Vorurteile (seien es positive oder negative) erwartet, bekomme ich bereits in München. Ich arbeite hier in einer kleinen Einrichtung, die keine eigene Kantine hat. Entweder bringen wir uns fürs

Mittagessen etwas von zu Hause mit oder wir greifen auf die gastronomischen Angebote in der Nachbarschaft zurück. Ich gehe in der Regel mit Kolleginnen und Kollegen essen. In der Nähe gibt es einen „kleinen Türken", der von einer resoluten Frau geführt wird. Ihr Mann arbeitet im Hintergrund und hat nichts zu melden. Der Familienbetrieb bietet Hausmannskost jenseits von Lahmacun und Döner: Es gibt Vorspeisen, Suppe und zwei bis drei täglich wechselnde Hauptspeisen. Wenn das Essen aus ist, hat man eben Pech gehabt. Mit ein paar Leuten sind wir hier Stammkunden. Wie das so üblich ist, spreche ich mit der Besitzerin öfters Türkisch. Nachdem wir festgestellt haben, dass wir aus der gleichen Gegend stammen, wird sie noch freundlicher und herzlicher. Und als ich ihre Frage, ob ich Alevit sei, bejahe, schließt sie mich endgültig in ihr Herz. Die Portionen werden gegen meinen Willen immer größer. Da ich mich dagegen nicht wehren kann, tausche ich meinen Teller heimlich mit meinem Kollegen. Er hat nichts gegen XXL-Portionen.

Mitte August – zwei Wochen vor dem offiziellen Antritt der Professur – besuche ich mit einem Kollegen und der Geschäftsführerin ein letztes Mal unser Stammlokal. Die Besitzerin ist guter Laune. Sie ist zu meiner Überraschung gerade Oma geworden. Mit gerade mal 40 Jahren! Als die Tochter mit ihrem Baby reinkommt, springt sie auf und begrüßt euphorisch ihr Enkelchen. Sie bedient uns wie immer sehr freundlich und spendiert uns einen Tee. Meine überdimensionierte Portion schiebe ich unauffällig dem Kollegen rüber. Nach dem Essen will ich mich von der Wirtin verabschieden. Der folgende Dialog hat es in sich, zwischendurch werde ich sogar zum Arzt erklärt:

Ich: Ich wollte mich eigentlich verabschieden, für immer.

Frau: Ja, warum? Wo gehst du hin?

Ich: Ich werde Ende des Monats nach Dortmund ziehen.

Frau: Warum?

Ich: Ich habe da eine neue Stelle bekommen.
Frau: Wo ist diese Stelle?
Ich: An der Hochschule.
Sie: Oh, ich gratuliere. Hast du eine sichere Stelle als Hausmeister?

Während ich mich mit dem Kollegen darüber amüsiere, versucht es unsere Geschäftsführerin mit Fakten und Aufklärung.

Geschäftsführerin: Nein, der Ahmet wird dort Professor. Wussten Sie nicht, dass er promoviert ist?
Frau: Promo...? Was ist das?
Geschäftsführerin: Ja, Doktor halt.
Frau: Ahmet, warum hast du mir nicht gesagt, dass du Doktor bist. Ich beschwere mich seit Jahren über Rückenprobleme und du machst nichts.
Geschäftsführerin: Ja, nicht so ein Doktor.
Frau: Ahmet, bist du ein falscher Doktor?

Wir versuchen zu dritt der Frau zu erklären, dass der „Doktor" ein akademischer Titel ist, hinter dem sich nicht zwangsläufig ein Arzt verbergen muss. Die Frau ist zwar enttäuscht, dass ich ihre Rückenprobleme nicht behandeln kann. Aber sie ist mächtig stolz darauf, einen Professor kennengelernt zu haben. Einen aus der Türkei. Und Alevit ist er auch noch!

„Diese Wohnung ist nichts für Sie"

Jeder weiß, wie mühsam es ist, auf dem freien Wohnungsmarkt eine geeignete Wohnung zu finden. Entweder passt die Größe nicht oder der Schnitt. Oder die eigentlich geeignete Wohnung ist zu teuer. Wenn Größe, Schnitt und Preis passen, liegt die Wohnung in einem unattraktiven Stadtteil. Noch komplizierter wird das Ganze, wenn man nicht vor Ort sein kann. Wir beschließen, zunächst eine Anzeige in der Zeitung aufzugeben.

Wir wollen in München die eingegangenen Angebote auswerten und an einem Wochenende die Wohnungen besichtigen. Wir bekommen sehr viele Anrufe. Einige legen aber sofort auf, wenn ich mich mit „Toprak“ melde. Um nicht ein attraktives Angebot zu verpassen, geht meistens meine Freundin ans Telefon. Wenn sie nicht da ist, melde ich mich unter ihrem Familiennamen. Aber aufgrund meines Akzents sind potenzielle Vermieter skeptisch und wir sind unzufrieden darüber, lügen zu müssen. Auf Anraten meiner Freundin melde ich mich stattdessen fortan mit „Professor Toprak“. Zu irgendetwas muss dieser Titel schließlich gut sein! Und tatsächlich nehmen die Anrufer jetzt nicht mehr primär den ausländischen Namen wahr, sondern vor allem den Titel. Die meisten preisen ausführlich ihre Wohnung an, um sie uns schmackhaft zu machen. Alle wollen einen Professor als Mieter haben, das spürt man sofort.

Für ein Augustwochenende vereinbaren wir ca. 20 Wohnungsbesichtigungstermine. Jetzt rächt es sich, dass wir uns in Dortmund nicht auskennen, die Wohnungen liegen kreuz und quer über die gesamte Stadt verteilt. Bereits am Samstagnachmittag sind wir völlig desillusioniert. Es lässt sich nicht in Worte fassen, was da teilweise angeboten wird. Wir haben das Gefühl, dass es sinnlos ist, sich weitere Termine am Sonntag anzutun. Am späten Nachmittag sitzen wir niedergeschlagen in einem Café und essen eine Kleinigkeit. Wir blättern in der Zeitung und entdecken ein Wohnungsangebot, das unseren Vorstellungen entspricht. Als (wohlweislich) meine Freundin den Vermieter anruft, ist er äußerst freundlich. Nachdem er erfahren hat, dass wir beide erwerbstätig sind, bietet er uns einen Besichtigungstermin in einer Stunde an. Die Wohnung liegt im angesagten Kreuzviertel, leider an einer lauten Durchgangsstraße. Außerdem riecht es im Treppenhaus streng und die Wohnung ist nicht optimal geschnitten. Ich bin nicht sonderlich interessiert, aber meine Freundin sieht sich die Wohnung sehr genau an. Sie geht ins Bad, auf den Balkon und wieder ins Schlafzimmer. Ich gebe auf und warte auf dem Gang. Als meine Freundin die nächste Runde einläuten will, raune ich ihr dezent auf Türkisch zu, dass die Wohnung nicht unseren Vorstellungen entspräche. Es sei reine Zeitverschwendung, hier noch länger zu verweilen. Sie lässt sich davon nicht beeindrucken. Inzwischen ist der Vermieter neugierig geworden und fragt nach:

Vermieter: Was ist das eigentlich für eine Sprache?
Ich: Türkisch!
Vermieter: Aber Ihre Frau ist doch eine Deutsche!
Ich: Ja, auch Deutsche können Türkisch.
Vermieter: Aha, interessant. Ihre Frau hat eben am Telefon gesagt, dass Sie aus München kommen und beide erwerbstätig sind. Was machen Sie eigentlich beruflich?
Ich: Sie ist Logopädin und ich werde in zwei Wochen an der FH Dortmund eine Professur antreten. Das ist der Grund, warum wir von München nach Dortmund kommen.

Entweder ist der Vermieter skeptisch oder einfach nur interessiert, jedenfalls fragt er nach meinem Fachgebiet, an welchen Themen ich bis jetzt gearbeitet hätte bzw. in Zukunft arbeiten würde. Dann gibt es eine Wendung im Dialog.

Vermieter: Ich glaube nicht, dass diese Wohnung Ihren Vorstellungen entspricht. Ich habe noch eine andere, nicht weit von hier, die ab Oktober frei ist. Um diese Wohnung wollte ich mich später kümmern. Ich schreibe Ihnen die Adresse auf. Sie schauen sich die Wohnung an, und wenn sie Ihnen gefällt, können wir uns morgen wieder treffen.

Inzwischen ist meine Freundin hellhörig geworden und kommt dazu. In unserer Anwesenheit ruft er seinen Mieter an und kündigt uns an. Er solle bitte so freundlich sein und uns einmal durch die Wohnung führen. Zehn Minuten später stehen wir in einer schönen Altbauwohnung: große Räume, breite Fenster, hohe Decken, ein großer Balkon mit Blick auf den Hinterhof und in einer ruhigen Seitenstraße. Das Haus hat nur sechs

Wohneinheiten – besser geht es eigentlich nicht. Wir bekunden unser Interesse und sitzen am Sonntagnachmittag im Wohnzimmer des Vermieters, um den Mietvertrag zu unterschreiben. Ich lege ihm das Berufungsprotokoll vor, weil dort mein Gehalt dokumentiert ist. Er ist aber nur mäßig interessiert daran. Er teilt uns mit, dass er mich gegoogelt hätte. Alles, was ich gestern erzählt hätte, sei stimmig. Er hätte auch den Wikipedia-Artikel über mich gelesen. Außerdem stünde ich bereits auf der Homepage der Fachhochschule Dortmund. Wir gehen gemeinsam den Mietvertrag durch und unterschreiben dann.

Auf dem Weg zurück nach München diskutieren wir, ob wir diese Wohnung auch bekommen hätten, wenn ich einen anderen Beruf hätte. Unser Fazit nach langer Debatte lautet kurz und prägnant: Der Professor schlägt den Türken!

„Ich glaube, du bist wirklich Professor!"

Am 12. September 2007 habe ich einen Termin in Berlin beim Bundesfamilienministerium. Mein Zug hat aufgrund eines Personenschadens (so werden die Suizide auf der Bahnstrecke durchgesagt) knapp eine Stunde Verspätung. Um noch einigermaßen pünktlich zu meinem Termin zu erscheinen, nehme ich am Hauptbahnhof ein Taxi. In Berlin kommt man mit den öffentlichen Verkehrsmitteln selten mit einer direkten Verbindung von A nach B. In der Regel muss man umsteigen und das kostet Ortsunkundige viel wertvolle Zeit. Die meisten Taxifahrer in Ballungszentren sind männliche Migranten, so auch in Berlin. Ich nehme neben dem Fahrer Platz und zu meiner Überraschung begrüßt er mich auf Türkisch. Ich könnte auch als Perser, Araber, Inder oder Spanier durchgehen – alles schon vorgekommen. Aber dieser Fahrer begrüßt mich einfach so auf Türkisch. Als ich ihn darauf anspreche, sagt er nur: „Was sollst du sonst sein? Das sieht man doch an deinen Augen und Augenbrauen." Okay, er muss es wissen. Schließlich sieht er sehr viele Menschen unterschiedlicher Kultur und Herkunft.

Ich sage ihm, dass ich zum Familienministerium am Alexanderplatz möchte. Er lehnt es jedoch ab, mich dorthin zu fahren. Zunächst denke ich, dass sich die Tour für ihn finanziell nicht lohnt. Er erklärt mir dann aber, dass das Familienministerium nicht dort, sondern ganz woanders sei. Auch als ich einräume, mich in Berlin zwar nicht auszukennen, aber die Adresse auf einer Einladung lesen zu können, beharrt er darauf, dass es dort kein Ministerium gibt – er mache diesen Job nicht erst seit gestern. Er sieht sich die Adresse auf der Einladung genauer an, fährt los und murmelt vor sich hin: „Seit wann ist dort das Familienministerium?" Dann will er mit mir ins Gespräch kommen, die Kommunikationslust ist bei manchen Taxifahrern enorm. Sie reden sehr viel, einige sind schlimmer als der berüchtigte Stammfrisör. Er legt los: „Ja, wenn du einen Termin beim Ministerium hast, dann bist du wichtig." Ich antworte, dass nicht jeder wichtig sein muss, der einen Termin beim Ministerium hat. Das sei schließlich eine gewöhnliche Behörde. Der Mann ist mit allen Wassern gewaschen: „Und warum habe ich keinen Termin beim Ministerium?" Ich versuche immer noch zu relativieren, indem ich sage, dass es auf den Kontext der Tätigkeit ankomme. Wenn es um die Arbeitsbedingungen der Taxifahrer ginge, würde er vielleicht ins Arbeitsministerium eingeladen. Ich glaube, dieses Argument kommt bei ihm an, jedenfalls denkt er darüber nach. Dann: „Ja komm, du bist wichtig. Was machst du beruflich?" Ich sage ihm, dass ich Professor in Dortmund bin. Er beugt sich vor und mustert mich von oben bis unten. „In diesem Alter? Türke? Professor? Willst du mich verarschen?" „Es gibt keinen Grund, Sie zu verarschen", antworte ich ihm. Er schaut nach vorn, schweigt und denkt nach. Ich ahne seine nächste Frage. Er zögert, anscheinend traut er sich nicht so richtig, mich nach meinem Gehalt zu fragen. In diesem Moment biegt eine Radfahrerin vor uns ein. Er muss leicht bremsen. Die Frau ist ziemlich jung, attraktiv, sportlich und trägt ein knappes Top und eine tiefsitzende Jeans. Ich bin froh über diese Radfahrerin, denn ich weiß, dass er mich jetzt vergessen und sich an ihr abarbeiten wird. Und genau so kommt es. Er flucht und schimpft über die respektlosen Berliner Radfahrer im Allgemeinen und über die vor uns fahrende Frau im Besonderen. Weil sie auf einem Rennrad sitzt, muss sie sich weit vorbeugen, um zu bremsen. Dadurch wird der Ansatz ihres Slips sichtbar. Der Taxifahrer konzentriert sich auf den Slip und lässt die Frau nicht aus den Augen. Dann fragt er mich, wie ich den „Arsch" der Frau fände. Ich antworte: „Na ja, was soll ich sagen?" Er ist außer sich. „Bei so einem geilen Arsch sagst du, ‚na ja, was soll ich sagen'? Ich glaube, du bist wirklich Professor." An der nächsten Kreuzung biegt die Radfahrerin rechts ab, während wir geradeaus fahren. Er nimmt seinen vorherigen Gedanken wieder auf und traut sich schließlich doch zu fragen: „Was ich immer mal wissen wollte, was verdient eigentlich ein Professor?" Die Frage nach dem Gehalt ist in Deutschland absolut tabu. Aber nicht in der Türkei oder unter Türken in Deutschland. Um Vorurteile auszuräumen, will ich ihm mein Gehalt sagen. Aber vorher lasse ich ihn schätzen: „Ja, vielleicht so sieben-, achttausend netto?" Ich korrigiere nach unten: „Schön wär's, ich verdiene 4.279 Euro." Er schaut aus dem Fenster und denkt wieder nach. „Abi, das ist wenig. Aber du bist Professor." Und ich füge hinzu: „Brutto". Er schaut wieder aus dem Fenster und antwortet: „Okay, ich fahr' lieber Taxi!"

Der Mann ist wirklich ein guter Taxifahrer: Während der Sitzung erfahre ich, dass das Ministerium nur vorübergehend am Alexanderplatz residiert, bis das Gebäude in der Glinkastraße renoviert ist.

„Machen Sie bitte schneller, wir warten auf den Herrn Professor"

Anfang 2008 bin ich zu einem Vortrag in einer kleinen Stadt in NRW eingeladen. Ich versuche grundsätzlich, pünktlich zu sein, so wurde ich erzogen. Mein Vater schleppte uns immer vier Stunden vor dem Abflug zum Flughafen, damit wir ja den

Flieger nicht verpassen. Und obwohl ich als Jugendlicher quer durch Köln fahren musste, war ich immer eine halbe Stunde vor Unterrichtsbeginn an der Schule, manchmal noch vor dem Hausmeister. Heute handelt es sich um eine Abendveranstaltung der örtlichen Arbeiterwohlfahrt. Wie gewohnt bin ich früh da und nehme am Bahnhof ein Taxi. Der Fahrer ist ausnahmsweise ein Deutscher, er ist gesprächig und freut sich auf die Tour. Offenbar liegt der Veranstaltungsort etwas außerhalb. Er fragt mich, was ich um dieses Zeit dort machen würde, denn die Bildungseinrichtung der Arbeiterwohlfahrt sei um diese Zeit eigentlich geschlossen. Ich erkläre, dass ich dort einen Vortrag hielte und die Einrichtung bestimmt für diesen Zweck geöffnet würde. Dann ist er doch neugierig und fragt nach meinem Beruf. Ich antworte, ich sei Professor. Er meint: „Ich nehme an, Sie sind Professor für die türkische Sprache und Kultur." Ich weiß nicht, wie er darauf kommt. Ich sage ihm, dass ich Erziehungswissenschaftler bin und an der FH Dortmund arbeite. Er ist empört. „Wie? Sie wollen unsere deutschen Kinder erziehen?" Ich bin zwar kein Erzieher, aber soll ich den Mann damit konfrontieren, dass er gerade rassistisch argumentiert? Ich glaube, es hat keinen Sinn, mit ihm darüber zu diskutieren, und sage nur: „Ich bilde Sozialpädagogen aus, damit sie später kompetenter die deutschen Kinder erziehen können." Er ist erleichtert. Er bringt mich zum Vortragsort und bedankt sich für die anregende und freundliche Konversation.

Am Veranstaltungsort warten bereits die ersten Zuhörer. Die Veranstalter haben mir bereits im Vorfeld gesagt, dass es sehr voll werden könne, das Thema „Gewalt unter jungen Migranten" sei nun mal hoch aktuell. Bei einer Power-Point-Präsentation, wie ich sie heute vorhabe, fürchte ich immer, dass die Technik nicht rechtzeitig fertig wird oder – noch schlimmer – überhaupt nicht funktioniert. Der Saal füllt sich allmählich und ich werde nervös, weil niemand sich um die Technik kümmert. Der Computer und der Beamer stehen lose auf dem Pult. Der Saal wird immer voller und mein Puls steigt. Ich beobachte, dass an der Tür ein Mann aufgeregt jeden begrüßt und mit einigen kürzere Gespräche führt. Er scheint jemanden zu suchen. Ich wende mich ab und beschließe, die Dinge selbst in die Hand zu nehmen: Ich gehe zum Pult, verbinde den Laptop mit dem Beamer und starte meinen Vortrag. Allerdings taucht mein Laptopbild nicht auf der Leinwand auf. Das klassische Problem bei einer Präsentation. Mittlerweile ist der Raum rappelvoll. Sitzplätze gibt es keine mehr, manche stehen am Rand oder nehmen auf dem Boden Platz. Der Mann an der Tür ist inzwischen sehr nervös. Er kommt zu mir und bittet mich, mich mit der Technik zu beeilen. Ich sage, dass ich mir Mühe gebe, woraufhin er meint, dass „Mühe geben" nicht ausreichen würde. Ich müsse das Problem schnell lösen. Ehrlich gesagt, finde ich ihn sehr unfreundlich und übergriffig. Es ist doch nicht mein Job, den Beamer zum Laufen zu bekommen. Erst als er zum Mikrofon geht, verstehe ich sein Problem: „Meine Damen und Herren, ich bitte um Entschuldigung. Wir sind zeitlich etwas im Verzug. Herr Professor Toprak ist leider noch nicht eingetroffen. Außerdem funktioniert die Technik noch nicht. Ich denke, wir werden dieses Problem schnell lösen. Und bis dahin ist bestimmt auch Herr Professor Toprak da." Einige der Zuschauer lachen, was den Veranstalter noch nervöser macht. Sie deuten mit Gestik und Mimik in meine Richtung. Um den Mann aus seiner misslichen Lage zu befreien, stelle ich mich vor. Der Arme weiß nicht, wie ihm geschieht, und läuft rot an, das Ganze ist ihm ausgesprochen peinlich. Er entschuldigt sich und erklärt, dass er mich mit dem Techniker verwechselt hätte. Auch hätte er noch nie erlebt, dass ein Professor bei der Technik selbst Hand anlegt. In diesem Moment kommt ein Mann mit schwarzen Haaren, ungefähr in meinem Alter, auf uns zu und bringt den Beamer in Gang. Ein großer Applaus für den Techniker beendet alle Peinlichkeit und ich kann mit dem Vortrag beginnen.

„Herr Toprak, haben Sie kein Geld für ein Auto?"

Eines der verbreiteten Vorurteile, die über Menschen aus der Türkei im Umlauf sind, ist deren angeblicher Hang zu Autos mit starken Motoren. Jeder kennt einen Türkenwitz mit Autos. Das Klischee besagt, dass jeder Türke einen tiefergelegten BMW oder einen Mercedes Benz fährt. Natürlich unabhängig davon, ob er sich das finanziell leisten kann oder nicht. Nur ist es ja so eine Sache mit Klischees: In vielen Fällen treffen sie nicht zu. Ich habe zwar mit 18 Jahren den Führerschein gemacht, aber Autos haben mich noch nie besonders interessiert und das ist bis heute so geblieben. Unser Auto wird ausschließlich von meiner Frau gefahren. Seit meinem Umzug nach Regensburg 1993 fahre ich Fahrrad: nicht nur im Sommer und bei schönem Wetter, sondern immer, grundsätzlich und auch den ganzen Winter hindurch. Meinen Wohnsitz wähle ich stets so, dass ich mit dem Fahrrad zur Arbeit fahren kann: Die Entfernung darf maximal fünf Kilometer betragen. Auch als Professor in Dortmund halte ich es so, schließlich habe ich auch meinen Kleiderstil und die Frisur beibehalten. Warum sollte ich jetzt aufs Auto umsteigen?

Nicht nur meine Frisur, sondern auch diese Gewohnheit ist in meiner Familie und Verwandtschaft immer wieder ein Thema: Oft werde ich gefragt, ob ich wirklich immer noch Fahrrad fahren würde. Am hartnäckigsten ist meine Mutter – sie fragt mich wöchentlich und weist mich darauf hin, dass es für einen Professor nicht angemessen sei. Anscheinend verbinden die Menschen mit dem Beruf des Hochschullehrers einen mir unzugänglichen Habitus. Das spüre ich nicht nur in meiner Familie.

Eines Tages bin ich zu Gast in einer Dortmunder Gesamtschule. Bei dieser Veranstaltung sollen Jugendliche und Experten über Jugendgewalt diskutieren. Ich bin seit einem halben Jahr in Dortmund und kenne mich in der Stadt noch nicht besonders gut aus. Die Veranstalterin kündigt mir an, dass die Schule etwas versteckt liege. Sie werde aber dafür sorgen, dass die

Jugendlichen auf der Hauptstraße nach mir Ausschau halten und mich in den Veranstaltungssaal führen. Ich fahre wie gewohnt mit dem Fahrrad hin. Die Schule ist in der Tat nicht leicht zu finden, zweimal fahre ich daran vorbei. Als ich beim dritten Mal etwas genauer hinsehe, bemerke ich zwei ca. 14-jährige türkische Jungs. Beide halten jeweils eine selbst gemalte Tafel mit meinem Namen hoch. Ich steige vor ihnen ab und sage, dass sie wohl mich suchen würden. Darauf antwortet einer der Jungs im Jugendslang: „Nee Mann, dich suchen wir nicht. Wir suchen Herr Professor Toprak." Ich antworte, dass ebender vor ihnen stünde. Die beiden sind sichtlich enttäuscht, fangen sich aber schnell und begrüßen mich freundlich. Während ich mein Fahrrad abschließe, höre ich, wie der eine zu dem anderen sagt: „Hey Alter, so einen Professor habe ich nicht erwartet. Alter, der kommt mit dem Fahrrad. Und wir schauen die ganze Zeit nach BMWs und Mercedes. Krass ej." Die beiden Jungs begleiten mich in die Sporthalle und führen mich zur Rektorin. Sie wird den Abend moderieren. Die beiden haben der Rektorin etwas Wichtiges mitzuteilen: „Frau Abel, wissen Sie, wie Herr Toprak hierhin gefahren ist? Das kriegen Sie nie raus. Er ist mit dem Fahrrad gekommen. Ist das nicht krass? Ich sehe zum ersten Mal einen erwachsenen Türken auf dem Rad. Und dann auch noch ein Professor. Echt krass!"

Nicht nur Menschen mit Migrationshintergrund und meine Familie es finden ungewöhnlich, dass ich mit dem Rad unterwegs bin. Das Vorurteil „Ein Professor fährt nicht Fahrrad" ist auch unter Deutschen verbreitet. Sie reden nur nicht offen darüber. Ein deutschstämmiger Student traut sich aber eines Tages doch. Als ich mein Fahrrad vor der Hochschule parke, bleibt ein junger Mann in meiner Nähe stehen. Ich erkenne ihn aus einer Veranstaltung, außerdem hat er mich gerade mit seinem Auto überholt. Wir kommen ins Gespräch und schließlich fragt er mich, ob ich als Professor nicht genug Geld verdienen würde oder weshalb ich die ganze Zeit mit dem Rad herumführe. Ich bin über seine Vermutung nicht nur entsetzt, sondern finde seine Einlassung auch distanzlos. Dann setze ich zu einem

Vortrag an: „Ich kann Ihnen mindestens vier Gründe nennen, warum Fahrradfahren von Vorteil ist." Der Student stöhnt schon mal. Ich lasse mich davon nicht beirren und fahre fort: „Erstens ist Fahrradfahren umweltschonend. Zweitens bleiben Sie gesund und fit." Ich mustere ihn dabei, denn er ist offenkundig übergewichtig. Als ich zum dritten Punkt kommen möchte, sagt er: „Danke, danke, Herr Toprak. Ich kann mir vorstellen, was die Punkte drei und vier sind."

8

Integration vs. Rassismus: zwei zusammenhängende Dauerthemen

Obwohl ich den Hochschulbetrieb nicht von Innen kenne, komme ich ganz gut zurecht. Ich war davor weder wissenschaftlicher Mitarbeiter noch hatte ich andere Beschäftigungen an der Universität oder Hochschule. An der Universität Passau promovierte ich schließlich extern. Ich wurde auch, wie oben berichtet, nicht zum Thema Migration oder Integration berufen. Da ich aber viel zu diesem Thema veröffentliche oder Interviews gebe, werde ich in erster Linie als Migrations- und Integrationsexperte wahrgenommen.

Obwohl ich relativ neu bin und wenig Erfahrung im Hochschulbetrieb habe, werde ich ein Semester nach der Berufung Studiendekan. Das ist für mich sehr lehrreich, weil ich alle Facetten der Hochschule und der Kolleginnen und Kolleginnen nicht nur schnell kennenlerne, sondern auch die kleinen und großen Machtkämpfe sowie Intrigen auf schmerzhafte Weise miterlebe, worauf ich später zu sprechen kommen werde. Zunächst aber zum Thema Integration

Was ist eigentlich Integration?

Wie gesagt: ich integriere mich schnell in den Hochschulbetrieb. Aber hier geht es um die Integration der Migrantinnen und Migranten in Deutschland, die alle Jahre debattiert wird. Vorzugsweise, wenn sich ein Vorfall ereignet, wie Silvester 2015/2016 oder Silvester 2022/2023.

Um öffentlich und auf politischer Ebene über Integration oder Integrationsproblematik reden zu können, müssen wir zunächst die Einwanderungsgeschichte der Bundesrepublik reflektieren. Anhand meiner Familie habe ich ausführlich dargestellt, dass Deutschland in den 1960er- und Anfang der 1970er-Jahre ausschließlich Arbeitskräfte suchte, die für einen begrenzten Zeitraum Tätigkeiten in Industrie und Bergbau ausüben sollten, um danach in ihre Heimatländer zurückzukehren. Das war bei meinen Eltern nicht anders: Der Wunsch nach Rückkehr war bis tief in die 1990er-Jahre ein großes Thema. Diese Migration von damals unterscheidet sich grundlegend von der Migration von heute.

Damals haben die deutschen Behörden bei der Zuwanderung weder auf Bildung noch auf Sprachkenntnisse geachtet. Die Arbeitskräfte sollten vielmehr über körperliche Fitness und langjährige Erfahrung in praktischen Tätigkeiten verfügen. Da waren höhere Bildungsabschlüsse eher von Nachteil. Die Zugewanderten wiederum verfolgten in erster Linie das Ziel, ihre ökonomische Lage zu verbessern, um später finanziell abgesichert in ihr Heimatland zurückzukehren. Die Erwartungen beider Seiten – die der deutschen Wirtschaft und Politik sowie die der sogenannten Gastarbeiter – an die Zuwanderung wurden erfüllt. Hierfür war es weder erforderlich, sich kennenzulernen, noch, sich anzupassen. Von Integration hat niemand gesprochen. Ich kann mich weder in der Schule noch im Studium daran erinnern, dass über Integration oder Desintegration gesprochen wurde. Dieser Begriff war weitestgehend unbekannt und eher ein Randthema unter Sozialwissenschaftlern. Vor allem Arbeiter aus der Türkei waren bei den Arbeitgebern sehr beliebt, weil sie sich nicht gewerkschaftlich organisierten. Nach dem sogenannten Anwerbestopp von 1973 wurde schließlich deutlich, dass die Menschen sesshaft wurden und hierblieben. Trotzdem hat es bis Ende der 1990er-Jahre gedauert, bis sich in der Politik die Erkenntnis durchgesetzt hat, dass Deutschland ein Einwanderungsland ist. Erst zwanzig

Jahre später, im Jahr 2018, hat sich Deutschland zu einem Einwanderungsgesetz durchgerungen.

Das entscheidende Problem, dem man sich heute stellen muss, ist also viel weniger die Einwanderungspolitik, sondern eher, wie wir mit bereits Eingewanderten umgehen sollen.

Das ist keine leicht zu beantwortende Frage, denn alles, was man von Staaten mit einer erfolgreichen Integrationspolitik lernen kann, greift gleich zu Beginn der Einwanderung. Beispielsweise haben die skandinavischen Staaten die Einwanderung und später auch die Einbürgerung mit hohen Anforderungen verknüpft. Sie verlangen ein bestimmtes Bildungsniveau, gute Sprachkenntnisse, Berufserfahrung und ein gewisses Einkommen bzw. Vermögen. Damit ist automatisch gewährleistet, dass die Menschen, aufgrund der gestellten Bedingungen im Vorfeld, Einwanderung anders angehen und sich darauf vorbereiten und einstellen. Diese Länder legen außerdem großen Wert darauf, dass gleich die erste Einwanderer-Generation gefördert wird. Diese Maßnahmen hätten vermutlich meinen Eltern geholfen, fanden jedoch nicht statt. Andererseits hätten sie vermutlich die hohen Hürden nicht erfüllen können. Solche präventiven Maßnahmen könnten und sollten auch in Deutschland eingeführt werden, wie zum Beispiel Deutsch- und Integrationskurse, Anerkennung der beruflichen Ausbildung, Anerkennung der Sprache und Kultur als Ressource, sicherer Aufenthaltsstatus oder zügige Familienzusammenführung. Die Debatte um die Integration der Geflüchteten kann die Weichen für solche Programme stellen, allerdings nur, wenn sie unter realistischen Vorzeichen geführt wird. Beispielsweise wurde in der Debatte um Geflüchtete schon nach einem Jahr über nicht gelungene Integration gesprochen. Innerhalb eines Jahres kann aber keine Integration stattfinden. Dieser Prozess dauert in einer komplett neuen Umgebung durchschnittlich fünf bis zehn Jahre.

Mit einer veränderten und modernisierten Einwanderungspolitik können wir allerdings nicht die Erwartung verknüpfen, dass sich dadurch automatisch auch die mittlerweile in Deutschland etablierten Eingewanderten und teilweise auch Eingebürgerten nachträglich integrieren. Politische Entscheidungen wirken - wie wir etwa bei den Arbeitsmarktreformen der Agenda 2010 beobachten konnten - auch noch Jahrzehnte später nach. Die klassischen Einwanderungsländer Kanada, Australien, skandinavische Länder etc. sind bei der Integration der Migrantinnen und Migranten anders in diese Prozesse hineingegangen. Weil diese Länder andere Vorbedingungen (Sprachkenntnisse oder Berufsausbildung) an die Zuwanderer stellten, haben sie eine Situation, wie sie sich in Deutschland heute darstellt, gar nicht erst aufkommen lassen. Die Verunsicherung hierzulande im Umgang mit Migration und Geflüchteten ist auch darauf zurückzuführen, dass sich die deutsche Politik und Gesellschaft nicht auf Best-Practice-Beispiele für die hier spezifischen Herausforderungen berufen kann. Aus dem Gefühl der Hilflosigkeit wird daher gern die erfolgreiche Assimilation der aus Osteuropa Zugewanderten angeführt. Doch hierbei handelt sich zum einen um Nachbarländer und damit um eine kulturnahe Einwanderung. Außerdem waren damals die wirtschaftliche und rechtliche Lage vollkommen anders. Die Strukturen der Wirtschaft haben sich innerhalb weniger Jahrzehnte fundamental gewandelt: Durch Automatisierung, Rationalisierung und Globalisierung finden niedrig qualifizierte Arbeitskräfte kaum noch Anschluss auf dem Arbeitsmarkt. Das wird heute vor allem die niedrig qualifizierten Geflüchteten hart treffen. Meine Eltern und die gesamte erste Generation der Gastarbeiter hätten heute niemals im Berufsleben Fuß fassen können.

Was aber bedeutet in diesem Zusammenhang der hoch umstrittene und emotional aufgeladene Begriff Integration? Integration lässt sich nach dem Soziologen Hartmut Esser in vier Teilbereiche untergliedern und erweist sich als langwieriger und komplexer Prozess. Eingangs möchte ich aber auf eine offizielle Definition des Bundesamts für Migration und Flüchtlinge hinweisen: „Integration ist ein langfristiger Prozess. Sein Ziel ist es, alle Menschen, die dauerhaft und rechtmäßig in Deutschland leben, in die Gesellschaft einzubeziehen. Zugewanderten soll eine umfassende und gleichberechtigte Teilhabe in allen gesellschaftlichen Bereichen ermöglicht werden. Sie stehen dafür in der Pflicht, Deutsch zu lernen sowie die Verfassung und die Gesetze zu kennen, zu respektieren und zu befolgen." (Quelle: Bundesamt für Migration und Flüchtlinge)

Ebenen der Integration

1. Kulturelle Integration: Sprache und soziale Werte

Grundlegend für eine erfolgreiche Integration und Berufslaufbahn sind vor allem gute Sprachkompetenzen. Die Sprachkompetenzen der bereits länger hier lebenden Familien sind in beiden Sprachen, also sowohl in der Mutter- bzw. Herkunftssprache als auch im Deutschen, häufig eingeschränkt. Das liegt vor allem daran, dass Deutschland keine Sprachangebote gemacht hat. Selbst in der dritten Generation sind die Sprachkenntnisse noch erstaunlich gering. Die Anwendung der Muttersprache der Eltern ist vom Stil und Wortschatz her oft milieuspezifisch und „überaltert", sodass die Familien und insbesondere die Nachkommen in ihrem Herkunftsland sprachlich auffallen. Die Muttersprache hat sich in Deutschland von der Sprache des Herkunftslandes abgekoppelt und sich nicht im selben Maße weiterentwickelt. Das merke ich bei mir auch hin und wieder bei Türkeibesuchen, obwohl ich dort das Abitur erworben habe. Zum einen, weil im Rahmen der Arbeitsmigration teilweise formal weniger gebildete Menschen einwanderten, die einen milieuspezifischen Dialekt sprachen, zum anderen, weil sprachliche Entwicklungen nicht den Weg in die neue Heimat gefunden haben. Das gilt für die verschiedenen Ausprägungen der arabischen Sprache, wie sie von Libanesen,

Syrern, Irakern, Ägyptern, Tunesiern, Marokkanern usw. gesprochen wird, genauso wie für das Türkische.

2. Strukturelle Integration: Arbeitsmarkt und Bildungssystem

Erwerbstätigkeit ist zweifelsfrei eine der wichtigsten Dimensionen im Leben eines Menschen. Nur durch einen Arbeitsplatz kann ein Mensch gewährleisten, dass er über ökonomisches Kapital verfügt, das den materiellen Ausgangspunkt für Flexibilität und Selbstbestimmtheit schafft. Dabei ist ein Arbeitsplatz aber auch der notwendigste Aspekt der Sozialintegration. Über seinen Beruf kann ein Mensch Anerkennung und einen sozialen Status erlangen und Selbstwertgefühl entwickeln. Diesen Aspekt konnte ich vor allem bei meiner Mutter sehr markant beobachten, weil sie immer unter Analphabetismus litt. Man darf auch die Tatsache nicht unterschätzen, dass im Erwachsenenalter der berufliche Kontext eine wichtige Rolle beim Knüpfen und Aufrechterhalten sozialer Kontakte spielt.

Dementsprechend konnte die erste Generation der Gastarbeiter trotz relativ schlechter Sprachkenntnisse und fehlender Integrationsprogramme eine Integrationsleistung vollbringen, die ich anhand meiner Eltern aufgezeigt habe. Sie konnten ihre Lebensverhältnisse durch die Migration insgesamt verbessern und sich eine sichere Existenz aufbauen. Die Arbeit ermöglichte es ihnen zudem, einen Teil ihrer finanziellen Mittel in ihre Herkunftsländer zu schicken und dadurch auch von der in der Heimat gebliebenen Verwandtschaft Anerkennung und Respekt zu erlangen.

Für die dauerhafte Integration in Deutschland ist das Bildungssystem, wie in allen modernen Gesellschaften, von besonderer Bedeutung. Denn Erfolg auf dem Arbeitsmarkt gründet hauptsächlich auf Bildungsabschlüssen und Sprachkenntnissen. Aufgrund struktureller Veränderungen auf dem Arbeitsmarkt gibt es genau jene Arbeitsplätze, wie sie für für meine Eltern noch zur Verfügung standen, nicht mehr. Inzwischen werden insbesondere Fachkräfte und Hochqualifizierte gesucht. Daher besteht in manchen Bereichen ein Arbeitskräftemangel, der durch niedrig qualifizierte Arbeitssuchende nicht abgedeckt werden kann. Die Bildungsexpansion in der zweiten Hälfte des 20. Jahrhunderts hat zudem dazu geführt, dass der Wert von Abschlüssen gesunken ist. Ein Hauptschulabschluss reicht in den meisten Fällen nicht mehr aus, um einen Beruf zu erlernen und sich dauerhaft beschäftigungsfähig zu halten.

Wie schon auch meine Eltern wünschen sich Eltern mit Migrationshintergrund häufig hohe Bildungsabschlüsse für ihre Kinder. Primär geht es ihnen darum, dass ihre Kinder die Möglichkeit haben sollen, einen vielversprechenden Beruf ergreifen zu können. Es handelt sich also eher um einen funktionalen Wunsch. Die Währung Bildung kann aber gerade in Deutschland nicht vollständig funktionalisiert werden. Denn nur zu lernen um später einen prestigeträchtigen oder einträglichen Beruf zu haben, entspricht nicht der hier üblichen Vorstellung von Allgemeinbildung. Bildung beinhaltet immer auch Bildung als Selbstzweck, also Bildung „weil Bildung einfach gut ist". Die funktionale Haltung der Familie gegenüber Schule und Bildung verinnerlichen Kinder schon früh.

3. Soziale Integration: Netzwerke, Freundschaften, Partnerschaft

Die soziale Integration bezeichnet den Umfang sozialer Kontakte der Zuwanderer zu Einheimischen. Ob also Partnerschaften, Eheschließungen, Freundschaften und das soziale Netzwerk ausschließlich innerhalb des jeweiligen ethnischen oder religiösen Milieus oder auch interkulturell und interreligiös bestehen. Diese Form der Integration ist deshalb bedeutsam, weil soziale Kontakte als soziales Kapital dienen: Beispielsweise als Unterstützung bei der Arbeitsplatzsuche, als Hilfe bei der sprachlichen Lernentwicklung (auch der Kinder) und bei der Etablierung neuer sozialer Normen und Werte. Dieser Bereich ist politisch nur schwer zu beeinflussen, denn die erfolgreiche soziale Integration hängt vor allem von der individuellen Einstellung ab. Wie ich berichtete, hatten meine Eltern kaum soziale Kontakte zu Einheimischen.

4. Emotionale Integration: Identität(en)

Die drei genannten Bereiche der Integration werden im letzten Schritt der Integration vereint: der emotionalen Integration. Sie ist nicht direkt beeinflussbar, sondern wird davon bestimmt, inwieweit man sich mit Deutschland oder mit seinem Wohnort identifiziert. Die emotionale Integration ist aus meiner Sicht die Königsdisziplin: Sie ist komplex, beruht auf Subjektivität und ist nicht rational erklärbar, sie entwickelt sich langfristig und ist auch von äußeren Einflussfaktoren abhängig. Vor allem steht sie in Bezug dazu, wie Migrantinnen und Migranten von der Mehrheitsgesellschaft, beispielsweise Politik, Zivilgesellschaft, Medien, aufgenommen werden. Es leuchtet ein, dass sich ein gut gebildeter Mensch, der perfekt Deutsch spricht, einen Arbeitsplatz hat und viele oder intensive soziale Beziehungen zu Deutschen pflegt, eher mit Deutschland identifizieren kann. Die Möglichkeit, sich mit Deutschland zu identifizieren, hängt aber eben auch mit der Mehrheitsgesellschaft zusammen. In Deutschland wird es auch sehr gut integrierten Menschen nicht immer leicht gemacht, sich dazugehörig zu fühlen.

Integration schützt nicht vor Rassismus

Wie individuell, komplex, unspezifisch und ambivalent die emotionale Integration sein kann, auch wenn die ersten drei Ebenen der Integration optimal verlaufen sind, möchte ich an meiner eigenen Erfahrung vor Augen führen.

Von außen und objektiv betrachtet, bin ich eine Person, die scheinbar optimal integriert ist. Alle zuvor erläuterten Integrationskriterien und Integrationsebenen erfülle ich bzw. habe ich durchschritten. Um mein Anliegen besser zu verdeutlichen, werde ich kurz die biografischen Eckpfeiler zusammenfassen: Ich stamme aus der Türkei und werde soziologisch der zweiten Generation der Migranten zugeordnet. Den überwiegenden Teil meines Lebens habe ich in unterschiedlichen

Gegenden von Deutschland - Rheinland, Bayern, Ruhrgebiet - verbracht. Ich kann von mir behaupten, zu wissen, wie Deutschland tickt. Die deutsche Sprache beherrsche ich fast fehlerfrei in Wort und Schrift. Ich kann ein bayerisches Diplom und eine bayerische Promotion vorweisen. Ich bin seit 2000 deutscher Staatsbürger und seit fünfzehn Jahren Hochschullehrer - verbeamtet auf Lebenszeit. In meinem Alltag spreche ich fast ausschließlich Deutsch, ich träume auf Deutsch und erziehe meinen Sohn in deutscher Sprache. Ich bin noch nie mit dem Gesetz in Konflikt geraten. Ich habe deutsche und nichtdeutsche Freunde. Ich war zwölf Jahre mit einer deutschen Frau ohne Migrationshintergrund verheiratet. Ich war Mitglied einer demokratischen deutschen Partei und Mitglied einiger deutscher Sportvereine. Zu migrantischen Vereinen oder Institutionen hatte ich nie Kontakt. Ich stamme zwar aus einer alevitisch-kurdischen Familie, definiere mich aber atheistisch. Vermutlich aufgrund dieser Konstellation bin ich auch sehr kritisch gegenüber der Türkei und der türkischen Politik eingestellt. Eine Moschee habe ich von innen noch nie gesehen, aber öfter eine Kirche.

Man kann jetzt die Frage stellen: Wo ist der Haken? Der Haken besteht darin, dass ich mich mit Deutschland nicht (immer) identifizieren kann und mit Deutschland öfter hadere. Die emotionale Integration - also die Königsdisziplin der Integration - ist bei mir nicht ausreichend entwickelt. Genauso hadere ich aber mit der Türkei. In der Türkei werden Minderheiten, vor allem Kurden und Aleviten, systematisch unterdrückt. Das Land ist höchstens semidemokratisch, Menschen- und Bürgerrechte werden mit Füßen getreten und von einer freien Presse kann keine Rede sein. Das sind demokratische Basics, die Deutschland mehr als erfüllt. Eigentlich macht es mir mein Herkunftsland Türkei also sehr leicht, mich von ihm abzuwenden. Andererseits bedeutet mir das Land trotzdem sehr viel. Ich verachte zwar den türkischen Fußball, weil er nicht nur korrupt, sondern auch schlecht ist, schaue mir aber trotzdem die Spiele von Galatasaray an. Bei Welt- und Europameisterschaften bin ich gegen meinen rationalen Willen für die Türkei.

Trotz dieses zutiefst zwiegespaltenen Verhältnisses mit meinem Herkunftsland kann ich mich wie gesagt auch nicht immer mit Deutschland identifizieren. Vielleicht liegt es daran, dass mir diese Identifikation im Alltag schwergemacht wird. An dieser Stelle möchte ich drei kleine exemplarische Begebenheiten anführen, die mich an Deutschland und Identifikation mit Deutschland manchmal zweifeln lassen.

Wegen eines Vortrags war ich mit dem ICE von Dortmund nach Frankfurt unterwegs. Um mich in Ruhe auf meinen Vortrag vorzubereiten, hatte ich mein Ticket ausnahmsweise für die erste Klasse gebucht. Ich bin eigentlich ein kommunikativer Mensch. An diesem Tag aber, wegen der Vorbereitung, eher nicht. Mein Abteilnachbar wollte trotzdem unbedingt mit mir reden. Weil ich das spürte, versuchte ich, Blickkontakt zu vermeiden. Auf Dauer klappte das aber nicht. Bei der ersten Gelegenheit fragte mich mein Sitznachbar ohne Vorwarnung wie aus der Pistole geschossen, was für ein Landsmann ich denn sei. Als Antwort, fragte ich ihn, welche Nationalität er habe. Von meiner Gegenfrage war er überrascht, er stammelte „Deutscher". „Ebenso", sagte ich und widmete mich wieder meinen Unterlagen. Das reichte ihm aber nicht aus. „Und woher kommen Ihre Eltern?", hakte er nach. Ich antwortete, dass sie in Köln wohnen. Er meinte aber natürlich, woher sie stammen. Nachdem ich ihm sagte, dass meine Eltern ursprünglich aus Zentralanatolien kommen, rief er: „Ach, du bist Türke!" Bevor ich in die Debatte einsteigen konnte, was deutsch und türkisch ist, kam der Schaffner, um die Tickets zu kontrollieren. Er war sehr freundlich und bemüht. Er fragte mich, ob ich wüsste, dass die Tickets in der zweiten Klasse viel günstiger seien. Vom Komfort her wäre die zweite Klasse auch nicht viel schlechter als die erste Klasse. Ich bedankte mich für die Aufklärung und ging in den Speisewagen.

Auch das folgende Ereignis ließ mich an Identität mit Deutschland zweifeln: Seit 2014 bis 2020 war ich Dekan der Fakultät für Angewandte Sozialwissenschaften der Fachhochschule Dortmund. Ein Dekan leitet die Fakultät. Er wird vom Fakultätsrat für einen bestimmen Zeitraum gewählt und muss vom Rektor formal bestätigt werden. Wenn die Amtszeit abgelaufen ist, kann sich die Person wieder zur Wahl stellen. Kurz nach Beginn meiner Amtszeit suchte ein Mann, Mitte dreißig, das Dekanatsbüro ohne einen Termin auf. Obwohl die Tür zu war, bekam ich mit, wie er mit unserer Sekretärin diskutierte. Er ließ sich von ihr nicht abwimmeln und wollte unbedingt mit dem Dekan reden. Er würde das Haus nicht verlassen, bevor er nicht den Dekan gesprochen habe. Ich beschloss kurzerhand, mit ihm zu reden. Als er mein Zimmer betrat, sagte er zur Begrüßung, dass er nicht mit mir reden wolle, sondern mit dem Dekan der Fakultät. Ich solle ihn doch bitte herbeiholen. Als ich ihm sagte, dass wir keinen anderen Dekan als mich hätten, fragte er mich, warum die Fakultät nicht in der Lage gewesen sei, einen Deutschen für den Job zu finden. Ich ließ mich nicht auf diese Diskussion ein, stattdessen fragte ich ihn, weshalb er das Bedürfnis habe, mit dem Dekan zu reden. Er wolle sich auf die offene Stelle als Professor bewerben und den Dekan in einem persönlichen Gespräch davon überzeugen, dass er der Richtige sei, promoviert habe er aber nicht. Seine Kenntnisse in Sozialwissenschaften würden für eine Professur trotzdem locker reichen. Außerdem müsste ich als Dekan wissen, dass eine Person aufgrund ihrer außergewöhnlichen Leistungen nach Paragraph 36 Hochschulgesetz ohne Promotion berufen werden könne. Ich wandte ein, dass das stimme, der Paragraph aber eher bei Künstlern angewandt würde. Ich riet ihm, sich die Portokosten zu sparen, weil er aufgrund fehlender Qualifikationen nicht mal eingeladen würde. Zum Abschied sagte er mir dann, dass er mich persönlich und die Hochschule als Institution wegen Diskriminierung verklagen wolle.

Die Fachhochschule Dortmund ist einer der größeren Hochschulen in Deutschland mit ca. 15.000 Studierenden und acht großen und kleinen Fakultäten. Es gibt über 200 Professorinnen und Professoren. Es ist ausgeschlossen, dass die Professorinnen und Professoren sich - vor allen fakultätsübergreifend - kennen können. Folgende Begegnung ist trotzdem bezeichnend und wirft die Frage nach der Anerkennung auf: Ich bin mittlerweile seit 11 Jahren an der Hochschule und seit vier Jahren Dekan der Fakultät. Mit einer Kollegin und zwei wissenschaftlichen Mitarbeitern gehen wir in der Mensa essen, anschließend wollen wir in der Cafeteria einen Kaffee trinken. Nach dem wir in der Cafeteria aufbrechen, spricht mich ein Kollege aus einer technischen Fakultät, den ich vom Sehen kenne, an, obwohl ich noch mit der Gruppe im Gespräch bin. Der Kollege sagt mir, dass er mich hier öfters sehe. Ich sei ihm öfter aufgefallen. Nun möchte er mich ansprechen. Er fragt mich, ob ich bei ihnen, also an der FH Dortmund, studiere, weil er mich regelmäßig sehe. Nicht nur ich, sondern die gesamte Gruppe ist sprachlos. Die Gruppe ist genervt und geht schon mal vor. Ich stelle mich dann folgendermaßen vor, ohne darauf zu achten, wie er reagiert, und gehe weiter: „Lieber Kollege, mein Name ist Ahmet Toprak, ich bin seit 11 Jahren Professor für Erziehungswissenschaft und seit vier Jahren Dekan der Fakultät Angewandte Sozialwissenschaften. Soweit ich weiß, sind sie Architekt und gehören der Fakultät Architektur an."

Aus meinen Forschungen, der Arbeit mit Jugendlichen und Alltagsbegegnungen weiß ich, dass viele Migranten ähnliche rassistische und diskriminierende Erfahrungen machen und deshalb hin und wieder oder aber öfter an Deutschland und ihrer Beziehung zu Deutschland zweifeln. Obwohl wir eigentlich perfekt integriert sind, werden wir von anderen Deutschen nicht als zugehörig angesehen. Und gerade wenn die ersten drei Ebenen der Integration nicht optimal verlaufen sind, kann es sein, dass die Identifikation mit Deutschland noch geringer ausgeprägt ist, als es bei mir der Fall ist.

Der Begriff Assimilation ist in Deutschland politisch hoch umstritten. Auch deshalb, weil Recep Tayyip Erdoĝan, damals noch Ministerpräsident der Türkei, im Jahre 2008 vor ca. 16.000 türkeistämmigen Zuhörern in Köln die Assimilierung als ein „Verbrechen gegen die Menschlichkeit" bezeichnet hatte. Die darauffolgenden Debatten waren emotional so aufgeladen, dass die deutsche Regierung erklären musste, dass sie keine Assimilierung der Migrantinnen und Migranten wünscht, sondern deren Integration verbessern möchte.

In sozialwissenschaftlichen Abhandlungen diskutiert man den Assimilationsbegriff hingegen viel nüchterner und weniger dogmatisch. Ganz vereinfacht dargestellt bedeutet Assimilation die Angleichung oder gar Verschmelzung von (ursprünglich) unterschiedlichen Gruppen. Ausschlaggebend für den Erfolg ist hier vor allem, dass die ethnische Zugehörigkeit nicht zu Vorurteilen führt und keine Rolle für die Teilhabe der Zugewanderten am gesellschaftlichen Leben spielt. Nach der vollständigen Assimilation entscheiden die individuellen Fähigkeiten einer Person, welche Position sie in der Gesellschaft einnimmt, nicht ihre kulturelle oder ethnische Herkunft. Übersetzt in den Alltag bedeutet das: Die Menschen gleichen sich in ihren allgemeinen Einstellungen, ihren Identitäten, in ihrer Kultur, Sprache, der Religion und Bräuchen an. Die Angleichung und Verschmelzung erfolgt aber nicht bis zur Unkenntlichkeit.

Wenn wir beispielsweise in Deutschland über Assimilation diskutieren, ist damit häufig die Annahme verbunden, dass Migrantinnen und Migranten ihre Werte, Normen, Einstellungen, ihre Religion und ihre Sprache komplett aufgeben und die der Mehrheitsgesellschaft übernehmen. Das ist der Hauptgrund, warum die Menschen eine Assimilierung ablehnen. Sie ist außerdem gerade dann besonders kompliziert, wenn die kulturellen und religiösen Normen scheinbar weit auseinanderliegen. Ein Beispiel: Vermutlich wird sich kein Mensch darüber aufregen, wenn in Deutschland von Österreichern oder Niederländern Assimilierung erwartet wird, weil sie mit ihren Bräuchen, Einstellungen oder Identitäten sowieso sehr nah an deutschen Werten und Normen sind. Oder umgekehrt: Wenn Österreicher sich weigern würden, sich im Sinne der Assimilierung zu integrieren, würde das niemandem auffallen. Denn die Österreicher sind mit ihrem Sprachgebrauch und ihren Werten und Normen sehr eng mit Deutschland verbunden. Das einzig Auffällige wäre bei den Österreichern der Dialekt, den viele Menschen im Norden und Westen Deutschlands aber dem Bayerischen zuordnen. Im Gegensatz dazu nehmen wir in Deutschland an, Menschen muslimischen Glaubens wegen ihrer Religion, kulturellen Einstellungen, Bräuchen und Sprachen weit entfernt von den deutschen Werten und Normen sind und eine Integration im Sinne von Assimilation deshalb nicht in Betracht kommt. Scheinbar funktioniert Integration im Sinne von Assimilation nur dann besonders gut, wenn religiöse und kulturelle Normen nah beieinander sind.

Meine jahrelangen wissenschaftlichen und persönlichen Beobachtungen zeigen, dass Migrantinnen und Migranten in Deutschland die Assimilation zwar häufig ablehnen, diese in bestimmten Bereichen aber dennoch befürworten. Im Bereich der Lebenswelten ist die Assimilation verpönt und die Ablehnung sehr stark. In der strukturellen Teilhabe (Bildung, Arbeitsmarkt oder Wohnort) hingegen ist der Wunsch nach Assimilation ausgeprägt, auch wenn dieser Begriff hier nicht verwendet wird. Aber was beinhalten diese beiden Bereiche des Lebens und weshalb unterscheiden sie sich in der Assimilationsbereitschaft? Das möchte ich exemplarisch am Bereich Schule näher erläutern.

Strukturelle Teilhabe: Ein Großteil der Migrantinnen und Migranten aus der Türkei wünscht sich Assimilation im Sinne von Angleichung und Verschmelzung in den Bereichen Bildung, Wohnort und Arbeitsmarkt. Aber sie ordnen diesen Wunsch niemals dem Begriff der Assimilation zu. Der Wunsch der Eltern ist groß, dass ihre Kinder in der Schule erfolgreich sind und nicht aufgrund ihrer Herkunft oder ihres Namens benachteiligt werden. Sie erwarten aber auch von ihren Kindern, dass sie sich in der Schule anpassen und die Leistungsanforderungen erfüllen. Im Bereich des Bildungserfolgs ist eine Angleichung auf der strukturellen Ebene also höchst wünschenswert. Dass eine rein strukturelle Angleichung ohne Lebensweltbezug aber auch in der Schule nur schwer zu realisieren ist, macht den Widerspruch im Schulalltag aus. Was heißt das?

Die Eltern wollen, dass ihr Kind sich der Schulstruktur anpasst. Dieser Wunsch geht aber nicht immer auf, weil einige Eltern sich Angleichung und Verschmelzung in der Schule nicht auf der sozialen oder kulturellen Ebene wünschen. Das macht sich beispielsweise dann bemerkbar, wenn Eltern die Geburtstagseinladungen von anderen Kindern ablehnen, darauf bestehen, dass der Islamunterricht oder die Muttersprache in der Schule angeboten werden oder sie aus religiösen Gründen den Schwimmunterricht oder Klassenfahrten ablehnen. Die strukturelle Assimilation als eine Form der Integration ohne Anpassung der Lebenswelt kann nicht funktionieren. Die Eltern wünschen sich paradoxerweise die Assimilation ihrer Kinder in der Schule, aber unter Beibehaltung der kulturellen und religiösen Werte aus den Herkunftsländern. Dass es dadurch bei unterschiedlichen Werten und Normen Differenzen gibt, liegt auf der Hand. Je konservativer und traditioneller die Eltern und ihre Kinder sind, desto größer sind die Anpassungsdifferenzen in der Schule.

Was aus den Mitgliedern der Familie wurde

Meine Eltern: Meine Mutter starb, wie anfangs erwähnt, am 10. März 2016 in einem Kölner Krankenhaus an Herzversagen. Bis zu ihrem 63. Lebensjahr arbeitete sie in Köln bei einer Druckerei, die auf Groschenromane spezialisiert war. Als die Firma 2002 in die Niederlande verlegt wurde, ging meine Mutter in Frührente.

Mein Vater arbeitete bis 1993 bei den Ford-Werken und ist seither Rentner. Seit dem Tod meiner Mutter lebt er bei meiner älteren Schwester in der Nähe von Köln. Mittlerweile ist er stolze 93 Jahre alt und an Demenz erkrankt.

Meine älteste Schwester, die mich versorgt hat, als meine Mutter nach Deutschland auswanderte, heiratete relativ früh. Später machte sie eine Ausbildung zur Altenpflegerin und lebt heute in der Nähe von Stuttgart. Sie hat sich mittlerweile in den Ruhestand verabschiedet.

Meine zweitälteste Schwester heiratete auch relativ früh. Sie machte ebenfalls eine Ausbildung zur Altenpflegerin und lebt heute in der Nähe von Köln. Sie hat meinen Vater bei sich aufgenommen und pflegt ihn. Wegen Arbeitsunfähigkeit ging sie früh in Rente.

Mein ***älterer Bruder*** – das älteste Mitglied der Dreier-WG – studierte an der renommierten Hacettepe Universität Neue Deutsche Literaturwissenschaften. Nach dem Studium erhielt er eine Assistentenstelle an einer neu gegründeten Universität in der Nordtürkei. Weil die Fakultät noch in der Gründungsphase war, wurde er nach Deutschland geschickt, um zu promovieren. Er schrieb sich an der Ruhr-Universität Bochum ein, musste das Hauptstudium der Germanistik allerdings wiederholen. Im Jahre 1999 promovierte er schließlich über Thomas Manns ***Zauberberg.*** Er ist seit 2012 Professor für Neuere Deutsche

Literaturwissenschaft an der Universität Kocaeli – 100 Kilometer östlich von Istanbul gelegen.

Meine Schwester – die Leseratte – studierte an der Universität Ankara Betriebswirtschaftslehre und fand danach schnell eine Anstellung bei einer großen türkischen Bank. Weil sie fließend Deutsch und Englisch spricht, wurde sie an die Berliner Außenstelle versetzt. Als sie nach drei Jahren nach Istanbul wechseln soll, quittierte sie den Job und bleibt in Berlin. Sie arbeitet heute als Radiojournalistin. Hauptsächlich schreibt sie aber Kurzgeschichten und Romane in türkischer Sprache. Sie lebt abwechselnd in Berlin und Istanbul. Ihre Romane sind mittlerweile in der Türkei preisgekrönt. Weil sie erfolgreich schreibt, werden alle ihre Romane bei einem großen Verlag in Istanbul neuaufgelegt. Einer der Romane erschien im Herbst 2017 in deutscher Sprache.

„Made in Germany“ besuchte nach der Grundschule die Realschule. Nach der 10. Klasse wechselte er aufs Gymnasium und studierte dann an der Universität Köln Betriebswirtschaftslehre. Nach dem Abschluss wechselte er nicht in die Wirtschaft, sondern legte das Zweite Staatsexamen für Lehramtsanwärter ab und arbeitet heute an einer Kölner Berufsschule. Er unterrichtet Mathematik und BWL.

Mit Sibel 2022 in Köln

Sibel – die Jugendliebe – heiratet nach dem erfolgreichen Studium der Philosophie ihren Professor. Aus dieser Ehe geht ein – mittlerweile erwachsener – Sohn hervor. Obwohl sie eine sehr gute und erfolgreiche Studentin ist, schlägt sie aus Rücksicht auf ihren Mann nicht den akademischen Weg ein. Nach dem MA-Abschluss wird sie Lehrerin für Philosophie/Ethik an einem Gymnasium in Ankara. In diesem Beruf arbeitet sie auch heute noch. 2016 lässt sie sich von ihrem Mann scheiden.

Während eines Gastvortrages von mir beim Goetheinstitut in Ankara begegne ich Sibel 2019 das zweite Mal seit der Trennung. Wir bleiben danach in losem Kontakt. Seit 2020 sind wir wieder ein Paar und sie lernt (fleißig) Deutsch, damit sie sich bei Deutschlandbesuchen sprachlich zurechtfindet.

Der Autor

Quelle: Marcus Heine

Ahmet Toprak, Dr. phil., Dipl.-Pädagoge, seit 2007 Professor für Erziehungswissenschaften an der Fachhochschule Dortmund, Fachbereich Angewandte Sozialwissenschaften, 2014–2020 Dekan der Fakultät. Studium der Erziehungswissenschaften in Regensburg, 2001 Promotion an der Philosophischen Fakultät der Universität Passau; jahrelange praktische Tätigkeit in der sozialen Arbeit, vor allem mit gewaltbereiten und gewalttätigen Jugendlichen und jungen Männern mit Migrationshintergrund. Ahmet Toprak ist Autor mehrerer Bücher und Artikel zu Themen wie Gewalt, Gewaltprävention, Männer, Männlichkeitskonstruktionen etc. Darüber hinaus arbeitet er in der Weiter- und Fortbildung für Multiplikatoren mit interkulturellem Ansatz.

Veröffentlichungen aus dem Lambertus Verlag:

„Ich bin eigentlich nicht aggressiv". Theorie und Praxis eines Anti-Aggressions-Kurses mit türkischstämmigen Jugendlichen. Freiburg i. Br. 2001

Das schwache Geschlecht – die türkischen Männer. Zwangsheirat, häusliche Gewalt, Doppelmoral der Ehre. 2. Auflage, Freiburg i. Br. 2007

Integrationsunwillige Muslime? Ein Milieubericht. Freiburg i. Br. 2010

Muslimische Jungen - Prinzen, Machos oder Verlierer? Ein Methodenhandbuch, Freiburg i. Br. 2012

Türkeistämmige Mädchen in Deutschland. Erziehung - Geschlechterrollen - Sexualität. Freiburt i. Br. 2014

Junge Geflüchtete in den Erziehungshilfen

Die 2015 aufkommende Flüchtlingsthematik konfrontierte Einrichtungen und Dienste mit neuen Anforderungen, um junge Menschen bei der Bewältigung von traumatischen Erfahrungen zu begleiten, Zugänge zu Bildung und Arbeit zu ermöglichen oder ihnen Unterstützung bei der Gestaltung ihrer Zukunft zu bieten.
Vor diesem Hintergrund hat der Bundesverband katholischer Einrichtungen und Dienste das rückenwind+-Projekt „FORUM:A“ gestartet, um Einrichtungen und Dienste bei Personal- und Organisationsentwicklungsprozessen zu unterstützen.
Das Projekt „FORUM: A“ wird im Rahmen des Programms „rückenwind+“ durch das Bundesministerium für Arbeit und Soziales und den Europäischen Sozialfonds gefördert. Weitere Informationen zum Europäischen Sozialfonds erhalten Sie unter www.esf.de.

Thea Schmollinger (Hg.),
Thomas Köck (Hg.),
Angelika Gaßmann (Hg.)

Junge Geflüchtete in den Erziehungshilfen

Perspektiven aus Wissenschaft und Praxis

1. Auflage, September 2019
Kartoniert/Broschiert, 172 Seiten
22,00 €
ISBN 978-3-7841-3120-7

eBook inklusive

LAMBERTUS
SOZIAL | RECHT | CARITAS

www.lambertus.de